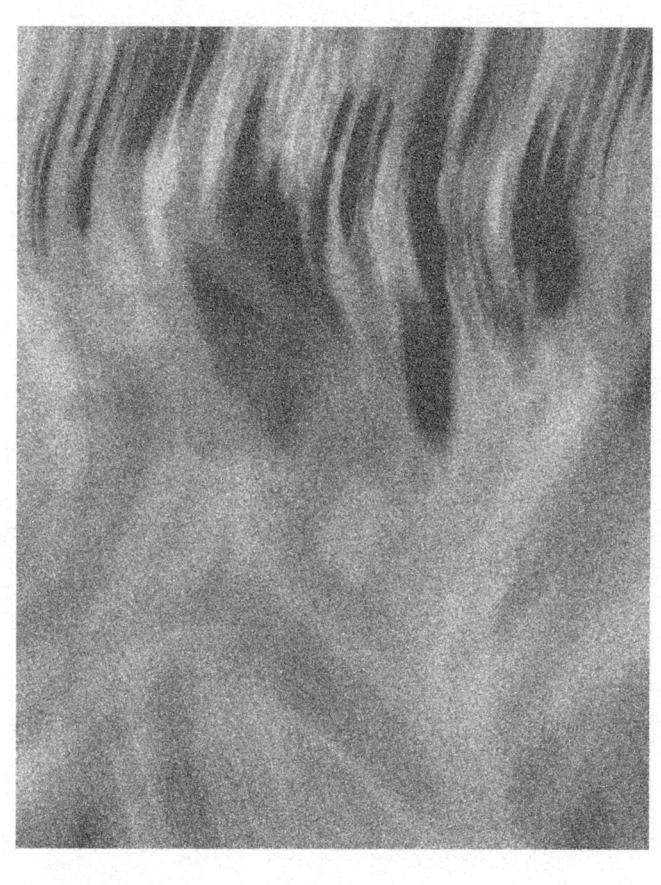

에크리.
놀이터의 유령

펴낸날 2025년 7월 23일
지은이 이기성
펴낸이 이광호
주간 이근혜
편집 유하은 김필균 허단 윤소진 최은지
마케팅 이가은 허황 최지애 남미리 맹정현
제작 강병석
펴낸곳 ㈜문학과지성사
등록번호 제1993-000098호
주소 04034 서울 마포구 잔다리로7길 18(서교동 377-20)
전화 02)338-7224
팩스 02)323-4180(편집) 02)338-7221(영업)
대표메일 moonji@moonji.com
저작권 문의 copyright@moonji.com
홈페이지 www.moonji.com

ⓒ 이기성, 2025. Printed in Seoul, Korea

ISBN 978-89-320-4426-2 03810

이 책의 판권은 지은이와 ㈜문학과지성사에 있습니다.
양측의 서면 동의 없는 무단 전재 및 복제를 금합니다.

놀이터의 유령   이기성

에크리.

차례

아버지의 책 7
코끼리 13
북쪽 시인 17
벨트 25
화염의 박물관 34
어제의 편지 45
벽 속의 남자 49
어떤 침묵 60
수요일의 편지 69
올페, 실패한 시인 75
요즘의 이상한 날씨 79
연인 87
멸종 93
나의 동물원 98
놀이터의 유령 117
꿈을 놓치고 130
너의 비밀을 보여줘 134
불면의 시 142
고아떤 삼양동 145
검은 식당에서 147

후기 155

아버지의 책

 그리고 어떤 이야기는 이렇게 시작된다. 아버지의 책이 있다. 그 책은 아버지의 낡은 가방에 담겨 있었지만 아버지가 그것을 읽지 않았으리라는 것을 난 알고 있다. 열다섯 살에 도시로 가는 열차에 몰래 몸을 실었던 아버지는 문맹에 가까웠다. 자신의 이름을 읽고 쓸 줄 알았으나 공적인 문서를 읽지 못했고, 그것은 평생 아무에게도 말하지 못한 공공연한 비밀이었다. 그러니 아버지에게 책이란 폐품들 사이에 쌓여 있다가 고물상의 저울에 근수로 달려 팔리는 종이 묶음에 불과했을 것이다.

 아버지의 책은 묵은 냄새를 풍기며 누렇게 변한 채 노파처럼 나를 보고 있었다. 그 책에 대한 소문은 나도 들었다. 그것은 말하자면 '금서'였다. 많은 학생을 침몰시킨 악명 높은 책. 매혹적인 금단의 책. 그 시절 아이들은 그 위험한 책을 향해 몸을 던지기를 주저하지 않았다고 한다. 대학가의 골목을 돌며 넝마를 줍던 아버지의 눈에도 그것이 예사롭지 않았을 것이다. 대학생들이 그런 책을 가지고 있으면 기관에 끌려간다는 소문을 아버지도 들었다.

정류장에서건 길목에서건 형사들이 무시로 행인을 검문하던 시절의 이야기다.

아버지가 그 위험한, 책이라는 것을 자루 밑에 숨겨서 집으로 가져온 것은 무슨 까닭이었을까. 어쩌면 단순한 호기심 때문일지도 모른다. 그것이 무슨 내용을 담고 있길래 나라에서 금지하는가. 책이 무슨 폭탄이라도 되는가. 어떤 위험한 책이길래 사람을 죽이는가. 아버지는 책을 뒤적여 보았지만 알 수 없는 검은 글자들이 줄지어 박혀 있는 종이일 뿐이었다. 군데군데 밑줄도 그어져 있고 여백에 무언가 적혀 있기도 했지만, 그것이 무슨 의미인지 아버지는 도무지 알지 못했다.

아버지는 그 책을 쓰레기 더미 사이에 내버린 어린 학생을 생각했을지도 모른다. 자신이 책을 고물상에 팔아넘긴 후 책이 이리저리 떠돌다 누군가의 눈에 뜨인다면, 누군가 그것의 출처를 추적할 것이고, 책의 소유자였던 학생이 의심을 받게 될 것이다. 최악의 경우 악명 높은 콘크리트 건물로 끌려 들어가 모진 고초를 겪게 될지도.

그러니 아버지가 책을 리어카에 실린 폐품들 사이에 끼워 넣을 때는, 단순한 습득자인 자신에게까지 불똥이 튀지 않을까 하는 두려움도 없지는 않았을 것이다. 낙관할 수는 없는 것이 물고기를 잡던 어부들도 막걸리를 마시던 촌부들도 갑자기 끌려가던 시절이었다. 그들의 집에서는 예외 없이 이상한 책들이 발견되었다고 라디오에서 떠들어대지 않았는가 말이다. 하지만 아무리 금기의 시대라 해도 문맹의 넝마주이 노인까지 불순분자로 몰아갈 수는 없으리라는 희미한 믿음이 아버지의 마음에 자리하고 있었을지도 모르겠다.

어쩌면 아버지에게 금지된 행위를 하도록 만든 것은 한자로 씌어진 어려운 책을 소유한다는 소박한 기쁨이었을지도 모른다. 그는 서점에서 책을 사본 적도 주위의 누군가가 책이라는 걸 읽는 것을 본 적도 없었다. 책은 학생들이나 선생들처럼 먼 나라의 사람들이 보는 것이다. 냄새 나는 거름통을 지고 비틀거리며 논두렁을 건널 때 멀리서 검은 교복을 입고 지나가던 학생들. 여학생들의 흰 칼라와 남학생들의 회색 교련복, 그들의 손에 들린 묵직한 가방. 책이란 그런 사람들에게 어울리는 것이지 굳은살 박인 투박한 손에 어울리는 것은 아니니까. 그러니 남들에게 들키지 않는다면 버려진 책 한 권쯤 가지고 있는 것이 큰 흠은 아닐 것이다.

어쩌다 손에 들어온 묵직하고 두꺼운, 검은 활자의 형태마저 날카롭고 신경질적으로 보이는 책이 그저 마음에 들었던 것인지도 모른다. 아버지는 수줍은 마음으로 책장을 펼쳐 보았을 것이다. 귀퉁이가 닳은 책은 사람의 손길에 익숙한 듯 부드럽게 펼쳐지고, 고양이의 등을 쓰다듬는 것 같군, 아버지는 이렇게 생각했을지도 모른다. 그 속에 날카로운 발톱이 비수처럼 박혀 있다는 것을 잠깐 잊어버렸을지도.

아버지는 도시락 보자기 아래 책을 숨겨서 산동네 비탈길을 올라왔을 것이다. 눈이 내린 비탈에 연탄재가 검게 얼룩져 있었다. 아버지는 그 길에서 쓰레기차에 깔려서 죽었다. 검은 목장갑. 벌겋게 익은 목덜미. 소심하고 과묵한 아버지. 날마다 헌책과 폐지가 쌓인 수레를 끌고 언덕길을 올라 고물상으로 가던 아버지.

아버지는 언젠가 자신의 게으른 아들이 책을 펼쳐 보게 되리라는 건 생각조차 하지 않았을 것이다. 너덜해진 표지 속 누런 종이는 안간힘으로 시간을 버티며 삭아가고 있었다. 식민지 경제에 관한 통계 자료와 군정기의 경제 상황과…… 그리고 누군가의 글이 길게 인용되어 있었다.

"나는 분명히 일평생 一條路(일조로)를 일심으로 매진한 것을 자신하는 자이다. 중간에 艱辣(간랄)한 환경, 유약한 성격의 내외원인이 서로 합병하여서 내외상에 흙을 바르고 내 行履(행리)에 가미를 씌웠을 지라도 이는 그때그때의 외적 변모일 따름이요 결코 心興行(심흥행)의 변전변환은 아니었다."*

단기 4282년 2월 마포형무소 구치 중에 씌어진 글이다. 삭아가는 검은 활자 속에서 반역죄로 투옥된 누군가 열렬히 자신의 결백을 증언하고 있었다. 그것은 오직 외적 변

---

* 송건호 외,『해방전후사의 인식』, 한길사, 1979, p. 165.

모일 뿐이고 나의 진심은…… 기만과 허구와 환영으로 뒤범벅된 뿌연 먼지가 행간에서 피어올랐다.

그리고 책갈피에…… 다른 무언가 있었다. 165쪽의 여백. 비스듬히 흘려 쓴 불안한 글자들. '너는 동지를 배신하고 영혼을 팔았다. 이제 너는 영혼 없는 삶을 살아가게 될 것이다.' 어쩌면 책의 소유자는 변절자였는지도 모른다. 동지를 배신하고 영혼을 팔아먹은 자가 자신의 변절을 책의 행간에 남모르게 고백한 뒤 그 책을 차마 곁에 둘 수 없어서 내다 버린 것일지도.

그는 자신이 책에 써놓았던 글을 아직도 기억할까. 자신의 말대로 30년이 지난 지금 그는 아직도 자신을 증오하며 영혼 없이 살아가고 있을까. 세월의 얼룩처럼 누군가의 증오는 시간 속에서 희미하게 바래 있다. 나는 모르는 이의 증오를 뒤덮은 회색 먼지를 훅 불어서 날려버렸다.

당연하게 아버지는 그 책을 가져다 집 안 어딘가에 던져두고는 그 사실조차 잊었을 것이다. 다른 모든 것들에 대해서 그리했듯이, 당장의 생계와 앙상한 등에 매달린 아이들과 성마른 아내와 밀린 쪽방 월세가 그를 내버려두지 않았던 것이다. 아버지는 마지막 순간까지 자신의 낡은 가방에 책이 있다는 걸 기억하지 못하고 눈을 감았다.

어쨌거나 그 책 때문에 기관원들에게 잡혀가지도 않았고, 매서운 검문에 걸리지도 않았으며, 최고의 건축가가 지었다는 기괴한 건물에 끌려가지도 않았으니 그만하면 순탄한 인생이었다고 할 수 있겠다. 다만 폐지가 가득 실린 수레를 끌고 가느라 달려오는 쓰레기차를 피하지 못했던 것이 가장 큰 불운이었을 것이다. 청소차의 운전자는 새벽길에 뒤뚱거리며 커다란 짐수레를 끌고 가는 노인을 보지 못했다고 말했다. 운전사가 힘주어 밟은 브레이크의 패드가 닳아서 미끄러진 것은 그의 탓이 아니었다. 새벽 눈길에 번져가던 붉은 피에 대해서는 이야기하지 않겠다.

낡은 가방에서 발견한 아버지의 책을 다시 가방 속에 넣는다.

코끼리

 여자는 변두리 마트의 식육 코너에서 일했다. 하얀 머릿수건과 에이프런을 두르고 고깃덩이를 베어내서 스티로폼 접시에 포장하는 일을 했다. 그녀의 몸에서는 붉은 생고기의 비릿한 냄새가 가시지 않았다. 여자는 종일 서서 일하느라 저녁이면 다리가 통통 붓는다고 했다. 그는 여자의 부은 다리에 오일을 바르고 따뜻한 수건을 덮어주었다.

 그녀의 다리는 점점 부어오르다가 어느 날부터 잿빛으로 변하기 시작했다. 하얗게 자라난 이빨은 윗입술을 들추고 팔뚝만 한 두께로 자라났다. 동그랗게 웃음을 띠던 눈동자가 관자놀이를 향해 길어지고, 커다랗게 자란 두 개의 귀가 넓은 부채처럼 펄럭이기 시작했다.

 그녀의 변화를 제일 먼저 눈치챈 사람은 관리부서의 팀장이었다. 탈의실에서 그녀의 회색빛 등허리를 쳐다보던 팀장은 심상하게 한마디 했다.

 ─자기, 코끼리병에 걸렸구나.

 해고 통지서가 날아온 것은 2주일쯤 지난 뒤였다. 그녀는 식육 코너 계산대 옆에 제복을 얌전히 벗어두었다. 그녀의 등은 이미 거대하게 휘어지고 있었다. 문을 열고 나오자 그녀를 호송하기 위해 화물차가 도착해 있었다. 하얀 트럭에는 붉은색 페인트로 커다란 동물원의 마크가 인쇄되어 있었다. 길고 주름진 그녀의 코가 슬픈 울음소리를 내기 시작했다.

코끼리에게도 얼굴이 있을까? 하얀 여백 속에 검은 구멍이 뚫린 그것. 그것은 분명히 웃고 있다. 치켜 올라간 입꼬리와 누런 어금니가 하늘로 치솟고, 흘러내리는 동그란 눈동자가 붙어 있다. 그것은 하나이면서 여럿인 얼굴. 누구의 것도 아닌 그 얼굴의 한복판에 거대한 우울이 기둥처럼 돋아 있다. 사내는 그녀가 코끼리를 닮았다고 생각했다.

5월의 어느 날 동물원역을 지나던 사내는 충동적으로 지하철에서 내렸다. 침침한 역사 밖으로 나오자 햇빛이 쏟아졌다. 부신 눈을 찡그리며 그는 동물원 입구를 향해 걸었다. 평일 오후의 동물원은 한적했다. 코끼리 우리를 지나던 사내의 눈에 구석진 곳에 서 있는 그녀가 보였다.
그녀는 어느새 우리 속의 생활에 익숙해진 듯 보였다. 마른풀을 우물우물 씹으며 웃는 듯 서글픈 눈동자로 철책 너머를 응시하고 있었다. 그를 알아본 것일까. 그녀는 커다란 귀를 펄럭이고 작은 꼬리를 가볍게 흔들며 사내에게 무언가 말하고 있는 듯했다. 그걸 알아들을 수는 없었지만 사내는 철책 너머로 손을 흔들어주었다.

어느새 석양이 코끼리의 발치에 그늘을 만들고 있었다. 사내는 허름한 점퍼 주머니에 손을 찔러 넣고 어두워지는 동물원의 비탈길을 걸어 내려왔다. 그의 삶을 이루어온 모든 시간들이 어둠에 잠겨가는 사내의 뒤를 묵묵히 따르고 있었다. 향기롭지도 화려하지도 않은 무채색의 삶. 사내의 앞에 놓인 시간 역시 다르지 않을 것이다.

그는 물건들이 쌓인 대형 마트의 비좁은 구석에 기대앉아서 사람들이 카트 속에 통조림과 생필품을 수북이 담아 끌고 가는 것을 지켜보았다. 그들은 대체로 무표정했다. 아이들이 소리를 지르며 통로를 뛰어다니다가 쌓아놓은 통조림 세트를 건드리기도 했다. 통조림들이 우르르 무너져 내렸다. 구석에 서 있던 그는 재빨리 통로로 뛰어나가 사람들이 눈치채지 못하게 흩어진 물건을 제자리에 정리해놓았다. 누군가 물건을 줍는 그의 손을 세게 밟고 지나갔다. 그러나 그는 상대의 무게와 부피를 감각하지 못했다. 그의 손과 발과 마음은 이미 고요한 침묵의 상태로 굳어가고 있었던 것이다.

집으로 돌아가는 길, 그는 지하철역에 서 있었다. 사람들을 가득 태운 열차가 붉은 불빛을 쏟아내며 달려왔다. 열차에 탄 사람들의 얼굴은 보이지 않았으나 그것은 그가 알고 있는 얼굴이었다. 열차의 문이 닫히고 불빛이 번쩍였다. 마지막 열차가 떠나고 승강장에 홀로 남은 남자는 눈을 감았다. 통로 저편에서 그를 데리고 가기 위해 검은 바람이 불어온다. 모든 상처의 기원, 세상이 시작되었던 그곳으로.

 마트의 팀장은 아침이 되어도 더 이상 사내를 호명하지 않는다.

북쪽 시인

 겨울의 이른 아침 그녀는 홀로 일어나 집을 나선다. 아무도 돌아다니지 않는 거리를 터벅터벅 걷는다. 검은 코트에 달린 주머니 속에서 사탕 봉지가 바스락거린다. 태양이 두꺼운 구름 사이로 흐린 빛을 흘려보내고 있지만 공기는 아직 차갑고 거리엔 사람들이 보이지 않는다. 추억을 우물거리며 느릿느릿 걷는 노인들도 풍선을 쥐고 달려오는 애들도 없다. 이런 아침 아이들은 따스한 이불 속에서 자신이 떠나온 곳을 그리워하며 울고 있을 것이다.
 그렇다 해도 참, 아이들의 세계란…… 애들이란 짓궂게 따라다니는 개들만큼이나 부담스러운 존재들이지. 아이들에게는 그녀가 낯선 동물처럼 보이는 모양이다. 한번은 공원의 소로에서 다섯 살쯤 된 여자애가 그녀를 보고 왈칵 울음을 터뜨린 적도 있다. 냉장고처럼 거대한 그녀의 몸이 끔찍한 공포로 느껴졌을 테지만. 시도 때도 없이 빽빽 울어대고, 새끼 고양이를 괴롭히고, 사탕 묻은 끈적한 손으로 책을 더럽히는 못된 애들이란……

백 킬로가 훌쩍 넘는 몸을 이끌고 그녀는 천천히 걷는다. 그녀가 일하던 도서관의 문은 굳게 닫혀 있다. 회벽 한쪽에 검게 그을린 자국이 선명하게 남아 있고, 햇빛이 잘 들던 남쪽 창문은 모두 깨어졌다.

 도서관이 폐쇄된 것은 지난달이다. 방화범은 끝내 붙잡히지 않았다. 그때 그녀는 특수 저장고에서 '불온 문서'를 정리하고 있었다. 도서관의 이용자들은 대부분 그러한 책들이 소장되어 있다는 걸 알지 못했다. 혹 그 책들의 존재를 안다고 해도 서고까지 들어오는 사람은 거의 없었다. 그 책들은 대출이 불가하고 열람을 원하는 경우에도 철저한 검색과 신분 확인을 거쳐야 했다. 그러한 위험을 감수하고 책을 보려는 사람이 누가 있겠는가.

 은행 금고 같은 육중한 철제 출입문을 닫으면 세상과 단절된 세계가 시작된다. 그녀와 금서들만의 세계. 그녀는 회색 먼지들을 털어내고 면장갑을 낀 손으로 조심스레 책장을 정리한다. 누렇게 바랜 책들 중에는 소화(昭和) 13년에 출간된 것도 있다. 기름 먹인 종이로 만들어진 표지에는 푸릇한 잉크로 제목이 인쇄되어 있다.

 그녀는 그 낡은 책들이 오랜 시간의 격랑 속에서 난파되지 않고 살아남았다는 사실이 믿기지 않는다. 비밀이지만 그녀는 그것들 중 한 권을 핸드백에 넣어 가지고 집으로 간 적도 있었다. 그것은 어떤 시인의 책이었다.

 그는 한국전쟁 중에 월북하였고 모종의 이유로 처형되

것이다. 끈적한 침으로 범벅이 된 검은 글자들. 그렇게 책은 사탕처럼 달콤하게 그녀와 한 몸이 되었다. 마흔이 넘어서도 입에 사탕을 물고 책을 읽는 것이 그녀의 유일한 낙이었다.

이 달콤한 것들을 두고 갈 수는 없어. 게다가 불온한 달콤한 것은 더욱 매력적이지 않은가. 결심의 순간은 빨랐다. 그녀는 문틈에 접착테이프를 붙였다. 곧 열기가 스며들고 숨이 막혀올 것이다. 거대한 폭격을 피하려는 사람처럼 그녀는 몸을 웅크리고 책들을 품에 끌어안았다.

다행히 창문으로 던져진 화염병은 서고의 일부만을 태우고 진압되었다. 서고의 집기와 책들은 화상을 입었지만 복구하지 못할 정도는 아니었다. 불온 서고의 책들은 그녀가 문을 걸어 잠근 덕에 화마를 피했다. 그리고 모든 것이 이전으로 돌아갔다. 도서관은 방화 시설과 철조망을 강화하는 것으로 대응책을 마련했다. 얼마 뒤 도서관은 재개관한다. 하지만 그녀는 도서관으로 되돌아가지 못할 것이다.

그날 굳게 닫힌 서고의 문을 연 사람들은 놀라움을 금치 못했다. 검은 그을음을 뒤집어쓴 그녀가 금서들을 모두 씹어 먹어버린 것이다. 불온한 활자들은 그녀의 입속에서 침과 뒤섞였고, 그녀의 커다란 위장 속에서 흔적 없이 녹아버렸다. 그녀는 한쪽 팔과 얼굴에 심각한 화상을 입었다. 벌겋게 부풀어 오른 흉측한 상처는 금지의 징표처럼 보였다. 금서를 먹어치운 그녀는 이렇게 금지의 대상이 되었다.

한때 외국 군대의 점령지였던 공원은 제법 울창한 숲을 이루고 있다. 검은 나뭇가지의 끝마다 얼어붙은 물방울들이 매달려 있다. 그녀의 굵은 발목 아래로 안개가 천천히 내렸다. 곧 시간이 거미줄처럼 해일처럼 그녀에게로 덮쳐 올 것이다. 잿빛 기미가 얼룩처럼 눈 밑에 깔리기 시작한 것은 언제였더라. 그녀의 창에도 붉은 꽃들이 떨어지는 밤이 있었던가,라고 묻는 것처럼 그것은 어리석은 물음이었다.

잔디로 덮인 둔덕 아래 검푸른 연못이 있었다. 철책으로 둘러친 연못에 오리들이 검은 돌멩이처럼 떠 있다. 오리들은 해마다 북쪽으로부터 날아왔다. 머나먼 땅의 냄새와 기억을 간직한 채 낡은 도시의 한 귀퉁이에 잠시 머물다 가기 위해. 겨울의 끝 호수의 살얼음이 녹고 가장자리의 흙빛이 짙어질 때 오리들은 훌쩍 날아올라 다시 북쪽으로 돌아갔다. 차가운 아침 공기 속에서 오리들은 깃털 속에 고개를 파묻고 있었다.

그녀는 속삭인다.

— 이리 와. 이리 와.

바람이 작은 휘파람처럼 그녀의 목소리를 실어 갔다. 그 소리를 알아들은 것일까. 오리들은 물을 가르며 소리도 내지 않고 천천히 움직인다. 검은색과 청록색으로 덮인 둥글고 부드러운 가슴으로 얼음을 천천히 밀면서 다가온다. 그녀가 뿌려 준 사탕 조각들이 순식간에 사라진다. 반짝이며 흩뿌려진 사탕을 삼킨 오리들은 다시 고개를 숙이고 무심함 속으로 되돌아간다. 빨강 노랑 주황빛 사탕은 오리의 배 속에서 천천히 녹을 것이다. 검은 돌멩이처럼 정지한 오리들의 마음을 휘저어보려는 듯 그녀는 초조하게 소리친다.
— 춤춰봐. 춤춰봐.

그녀는 사탕을 뿌리려는 듯 허공에 텅 빈 손을 내밀어 휘젓는다. 어리석은 오리들이 다시 몰려들기를 기대하면서. 그녀의 부름이 오리들의 내부에 잠든 허기와 비밀을 일깨우길 바라면서.

금지된 시인의 책이 다시 출간된 것은 1988년이다. 쉰 살이 되기 전에 죽은 시인의 얼굴이 인쇄된 책은 이제 국립도서관의 서고에 꽂혀 있다. 시인이 처형당한 후 그의 아내는 미친 여자가 되어 머리를 풀어 헤친 채 거리를 떠돌았다고 한다. 하지만 그건 그녀의 배 속에서 사탕처럼 녹아 사라진 이야기일 뿐이다. 그녀는 죽은 시인이 알지 못하는 시간을 살아갈 것이다.

무거운 회색 안개 속으로 그녀의 목소리가 퍼져 나간다.
— 노래해. 노래해.

그 목소리에 화답하듯 지상의 동물들이 깨어나 제 목소리를 찾아 울어댄다. 소란하고 쿵쾅거리며 대기를 채우는 쿵쿵, 꿀꿀, 부엉부엉, 멍멍…… 검은 연못의 살얼음이 조금씩 녹기 시작하는 쉰 살의 아침이다.

그해 겨울 도시에선 수백 년 전에 세워진 문 하나가 활활 타올랐다. 나무로 만들어진 그 문은 마치 처형당한 시인의 아내처럼 자신의 영혼을 불길에 맡긴 채 울부짖었고, 마지막엔 검은 기왓장으로 변한 문의 영혼이 후두둑후두둑 사람들의 머리 위로 떨어져 내렸다.

그녀는 그 광경을 텔레비전으로 보았다. 그날의 열기를 느끼며 자신의 팔뚝에 남은 화인을 내려다보았다. 그리고 여느 때와 같이 잠자리에 들며 생각했다. 도시의 하늘이 화염으로 붉게 물든 밤, 북쪽에서 온 오리들은 검은 웅덩이에서 무엇을 하고 있을까. 정말 도깨비라도 만나고 싶은 밤이다.

벨트

 소년들이 있다. 네 명의 소년들은 나란히 선 채 옆에 선 아이의 어깨에 팔을 두르고 있다. 실내의 조명이 소년들의 얼굴에 흐릿한 그늘을 드리우고 있다. 새하얀 면직물의 그림자처럼 희미한 빛. 모일 모시에 그들은 여기에 있었고 그 순간은 한 장의 사진 속에 영원히 고정되었다.

 사람들은 그 사진 속에서 무엇을 찾아낼까. 사람들의 시선은 소년들 뒤에 반쯤 열린, 견고한 마호가니 문의 번쩍이는 손잡이를 지나 컴컴한 동굴처럼 벌어진 어둠 속으로 빨려 들어가다 깜짝 놀라서 되돌아온다. 황급히 되돌아온 시선은 잠시 방황하다 문 왼쪽 비스듬히 놓인 책상의 모서리를 지나 소년들의 허리에 묶인 벨트에서 멈춘다. 아이들은 모두 녹색 셔츠에 회색 바지를 입고 있는데, 동일한 모양의 벨트가 헐렁하게 묶여 있다. 벨트, 그것은 일종의 결속의 표시일 것이다.

 소년들은 이 순간을 어떻게 기억하고 싶었던 것일까. 약간 경직된 얼굴로 카메라의 렌즈를 바라보며 무엇을 생각했을까. 어쩌면 그들은 이런 사진을 찍었다는 사실조차 잊었을 것이다. 그것은 그저 먼 과거에 묻힌 순간일 뿐이어서, 어느날 길을 가다가 비쭉 솟은 돌부리에 걸려 비틀거리듯 우연히 그 순간과 마주치게 된다면, 그것을 기억하기 위해 검은 시간의 늪을 휘저어야 할 것이다. 그때는 이미 머리가 하얗게 세고 허리는 구부정하고 눈에는 탁한 이물질이 낀 나이가 되었을지도 모르겠다.

나는 네 명의 소년들이 어느 날 사진 속에서 사라진다고 해도 놀라지 않을 것이다. 놀람이란 얼마나 완벽한 기만인가. 소년들 중 하나가 무대 위에서 공연을 하는 배우가 되건 거리의 장사꾼이 되건 그다지 놀라운 일이 아니다. 시간이라는 놀라운 주술이 만들어놓은 환각이라고 믿어버리면 그뿐. 그리고 어느 날 우리는 정말로 소년들의 미래를 알게 된다. 그들 중 하나는 세상의 파괴자가 되었고, 하나는 은둔하는 예술가가 되었다. 공산주의자가 된 아이도 있다. 그리고 다른 하나는……

자신들을 훔쳐보는 탐욕스런 시선을 뿌리치고 아이들은 각자 문을 열고 나간다. 세상을 향해 떠나가야 할 순간이다. 물론 그전에 먼저 벨트를 묶어야 하리라. 그런데 삶이라고 부르는 순간을 붙들어 매기 위해서 필요한 것이 벨트뿐일까. 그들은 벨트에 견고하게 묶인 적이 있으니, 언젠가 그 벨트 속으로 돌아오게 될 것이다. 그리고 그중의 하나는 내가 아는 사람이다.

 벨트는 흔하디흔한 것이다. 그러니 우리는 벨트를 평범한 것이라 불러야 할까. 하지만 벨트야말로 가장 속악한 사물이 아닌가. 그것은 세계에 대한 예의를, 어떤 인생에 대한 예의를 생각하게 한다. 잠긴 방문을 열었을 때 소년이 본 것은 무엇인가. 흔들리는 두 개의 다리. 빛바랜 검은 양복. 검게 젖은 사타구니에서 흘러내린 물이 바닥에 흥건히 고여 있었다.

 조용한 소년과 벨트는 어떤 연관이 있는 것일까. 소년을 알고 있던 여인은 이렇게 증언했다. 그녀는 식당의 주방에서 일하는 여자였는데, 관절염으로 인해 퉁퉁 부은 종아리와 헐렁하게 늘어진 팔뚝은 오랜 주방 일이 그녀의 신체를 어떻게 변형시켰는지 말해주고 있었다. 어쨌거나 그녀는 주섬주섬 머릿수건을 벗으며 영업을 마친 식당 한편의 의자에 앉아서 말했다.
 그 애는 조용했어요. 허름한 옷을 입고 헐렁한 모직 바지에 낡은 운동화를 신었지요. 약간 구부정해 보였지만, 그것은 자신감의 결여를 나타내는 것이라기보다는 낯선 세상으로부터 한 걸음 물러서려는 몸짓 같았어요.
 그 애는 설거지를 하고, 다듬어놓은 야채를 씻고, 무거운 쓰레기봉투를 밖으로 내어놓아야 했지요. 그 애는 조용하게 움직였고, 어쩐지 희미한 느낌의 윤곽선을 가지고 있었지요. 주방에 들어온 길고양이에게 먹이를 던져 준 것도 그 애였어요. 고양이가 먹을 것을 다 먹은 뒤에 천천히 걸어 나가는 걸 한참 바라다보더군요. 그리고 어느 날 홀쩍 사라졌어요, 고양이처럼. 그 애에 대해서 말할 것은 그것밖에 없군요. 그 애의 죽음에 대해서 나는 알지 못해요. 더 이상 할 말이 없으니, 그만 일어서도 될까요? 여인은 정말로 소년에 대해서 알지 못하고 있는 것처럼 보였다. 쉰내와 비린내가 뒤섞인 미끈거리는 식당 바닥에 슬리퍼를 질질 끌면서 그녀는 어두운 부엌으로 사라졌다.

혹시 그 애의 벨트를 본 적이 있나요? 회색 모직 바지에 둘러져 있던 검은 벨트, 금속 부분이 번쩍거리는 것인데…… 그녀는 기억하지 못했다. 설혹 그녀가 그 벨트를 봤다고 해도, 그것이 유명 브랜드의 고가 제품이고, 가격이 그녀의 한 달 치 급여를 상회한다는 것을 알지 못했을 것이다. 그것은 그저 하나의 벨트이고 흘러내리는 바지를 조이는 기능적 사물에 불과하였으니. 구정물이 흥건한 주방에서 그것보다 유용한 물건이 어디 있겠는가?

이렇게 살 수 없다는 것은 자명한 사실이다. 그러나 다른 방식을 알지 못한다. 그렇기에 나는 계속 살아 있어야 한다, 사내는 중얼거린다. 거리는 비어 있고, 무료한 햇빛이 가득 차 있다. 검은 고양이 한 마리가 어슬렁거리고 있을 뿐이다. 검은 벨벳처럼 윤이 나는 그것은 벨트처럼 보인다. 벨트에 대해서 안다는 것은 공산주의를 아는 것과 무관한가. 오래전에 나는 공산주의자였다,라고 말해본다. 나는 불가능하고 이상적인 것을 꿈꾸었다. 그리고 고백하자면 지금도 나는 공산주의자이다. 그리고 내겐 검은 벨트가 있다.

 벨트의 용도에 대하여. 조임과 풀림. 물소의 가죽으로 만든 것. 동물성의 냄새가 나는 것. 단단하면서도 광택이 있는 검은 것. 은색 버클이 달린 것. 날카롭게 쏘아대는 눈초리와 같은 것. 목을 매달 수 있는 것.

 나는 공산주의자다. 하지만 레닌의 벨트 이야기를 하기 전에 먼저 아버지의 벨트 이야기를 해야겠다. 그것은 용도가 다양했다. 허공에서 춤을 추는 벨트. 철썩철썩 어머니의 몸에 붉은 상처를 만들었던 것. 내가 자라서 벨트를 가지게 되면 그것으로 무엇을 할 수 있을까. 쉬운 이야기는 아니지만, 나도 어딘가에 아름다운 붉은 흔적을 남길 수 있을 것이다.

 천사의 옷에도 벨트가 있을까. 천사의 옷에는 솔기가 없다고 어떤 시인은 말했다. 천사의 언어와 같이. 분할되지 않은 완결된 옷을 가진다는 것은 어떤 의미일까. 벨트가 없는 옷이라면?

 벨트 때문에 내가 당신에게 편지를 쓰게 될 줄 몰랐습니다. 그것은 아주 오래된 가죽으로 만든 것이었는데, 너무 낡아서 흐물거리는 뱀처럼 보였습니다. 당신의 벨트 같은 것을 내가 왜 기억하는 것인지요? 당신의 헐렁한 벨트는 이제 나의 것이 되었습니다. 당신이 사라진 뒤에 우리 집엔 더 이상 나무를 팰 남자가 없었기 때문에 여자아이인 내가 당신의 벨트를 차고 나무를 패고 불을 지피고 물을 길어야 했어요.

 당신을 처음 나뭇단 뒤에서 발견한 건 나였고, 그때 나는 당신이 죽은 줄 알았어요. 어머니는 당신이 총에 맞았다고 말했습니다. 총은 다행히 다리를 스쳤고, 당신은 얼마 동안 절뚝거렸지만 곧 다시 걸을 수 있게 되었지요. 어머니는 당신을 숨겨주는 것이 불안하다고 했지만, 그렇다고 고개를 넘어서 경찰서까지 당신을 신고하러 갈 수는 없는 일이었습니다. 할머니를 돌봐야 했기 때문이지요. 컴컴한 방 안에 누워 있는 중풍에 걸린 할머니 말입니다. 할머니는 나쁜 냄새를 풍겼고, 종일 말라붙은 입술을 꿈틀거리고 있었어요. 할머니는 내가 사내애로 태어나지 않은 것을 탓했지만, 그렇다고 나를 특별히 구박하지는 않았습니다. 가끔 나를 아무짝에도 쓸모없는 계집애라고 부르곤 했지만요. 하지만 길고 검은 나의 머리를 예쁘게 땋아준 것도 할머니였어요.

 당신은 더러운 배설물의 냄새가 밴 할머니를 업고 강가에 나가기도 했습니다. 당신의 등에 매달린 채 죽어가는 할머니는 알 수 없는 노래를 웅얼거렸고, 어머니는 다친 다리가 나은 후에도 당신이 떠나지 않기를 바라는 것 같았어요. 집안에 든든한 남자가 있다는 것이 나쁘지는 않을 거라고 생각했던 것 같아요……

 다시 벨트로 돌아가보자. 그렇다. 금속의 버클이 달린 검은 가죽 벨트. 물소 가죽을 무두질해서 만든 것이고, 부드럽지만 단단하고 그윽한 먹빛 광택이 내부로부터 은은하게 퍼져 나오고 있다. 고급 양장품을 파는 상점에서나 볼 수 있는 것이다. 물론 최고급의 고객만을 상대하는 비밀스러운 상점이 아니라, 아주 대중적인 백화점의 쇼케이스 안에 진열되어 있는 벨트도 있다. 그러나 그것 역시 시급으로 환산되는 노동력으로 교환되기는 어려운 것이다. 소년이 그 벨트를 갖기 위해서는 아마도 평생의 노동을 투자해야 하리라.

 벨트가 파렴치한 범죄의 증거물이 되었다는 것은 사실이 아니다. 그에게 찾아온 죽음이 어찌 그의 목에 감긴 벨트 때문이겠는가? 그의 아버지가 벨트로 목을 매달고 죽었을 때, 그는 아직 아이였다. 목을 매다니, 그의 어머니는 울부짖었지만, 그건 남편의 죽음으로 인한 슬픔 때문이 아니었다. 혼자 남은 자신이 건사해야 할 네 명의 아이들, 눈을 씻고 다시 봐도 건질 것 없는 가난, 막 늘어지기 시작한 자신의 육체에 대한 두려움. 이 모든 것이 한꺼번에 그녀를 덮쳐 왔던 것이다. 결국 그녀는 남편의 장례가 끝나자, 자신의 누추하고 전망 없는 인생을 바꾸기로 마음먹었다. 그때 그는 막 열두 살이 되었고, 그의 형은 열다섯 살이었다.

아버지의 벨트는 형의 것이 되었다. 그건 아버지의 자랑거리였다. 군대를 나올 때 부하들이 기념으로 준 유명 브랜드의 제품. 아프리카 물소의 가죽으로 만든 검은 것. 가끔 그의 등짝에 붉은 줄을 새기기도 했던. 어머니의 등에도 마찬가지였지만. 베트남전에 참전했던 김 상사의 벨트가 김 상사의 장남의 것이 되었으니 아쉬울 것도 없었다. 여드름투성이 장남은 어린 동생들을 대상으로 아버지의 흉내를 내기 시작했다. 덕분에 그의 얼굴과 몸에는 벌건 자국이 떠나지 않았다. 하지만 형 덕분에 동네의 건달들이나 조무래기들의 괴롭힘에서 벗어날 수 있었던 것도 사실이니, 공평한 거래인 것도 같았다.

40년 만에 그가 형을 만났을 때, 형은 뻣뻣하게 굳은 채 관 속에 누워 있었다. 형의 허리엔 벨트가 없었다. 물론 그의 형은 평생 벨트로 허리를 졸라맨 채 살지는 않았다. 그는 뒷골목의 건달로 한때 호기롭게 젊은 시절을 보냈다. 아가씨들이 참새처럼 몰려와 그의 어깨에 매달리고, 그런 날들은 형이 부하의 각목에 맞아 정신을 잃을 때까지 계속되었다. 정신을 차렸을 때 형은 쓰레기 산에 엎어져 있었다. 구정물이 흘러내리고 파리 떼가 얼굴을 뒤덮고 있었다. 그의 허리춤에 검은 벨트는 없었다. 마흔이 넘은 후 홀쭉해진 형의 몸에서 바지가 자꾸 흘러내렸다. 형은 흘러내리는 바지를 치켜올리면서 아버지의 벨트를 생각했을까? 형의 마지막 모습을 본 후 그는 장례식장을 나왔다. 형의 아이들과 부인의 울음소리가 들려왔고, 발자국처럼 따라오는 진한 향냄새에 그는 욕지기를 느꼈다.

마지막에 형의 공식 직함은 공사장 인부 김 씨였다. 공사장의 김 씨는 새벽마다 첫차를 타고 공사장으로 나갔을 것이다. 이른바 벨트를 졸라매야 하는 상황은 낯선 것이 아니었지만, 어느 날 벨트가 헐렁해졌을 때 그는 갑자기 현기증을 느꼈다. 문제는 간에 있었다. 누렇게 부은 몸으로 1년을 버틴 후에 그는 죽었다. 그의 아내는 아이를 안은 채 가방을 들고 집을 떠났다. 그리고 검은 벨트가 남겨졌다.

그의 아이는 벨트를 찰 만큼 자라지 못했다. 하지만 언젠가 그 아이는 검은 벨트를 매고 친구들과 함께 사진을 찍게 될 것이었다. 푸르고 희미한 빛 속에 영원히 남겨진 네 명의 소년들. 검고 커다란 벨트와 함께.

화염의 박물관[*]

눈을 뜬 여자가 물었다. 여기는 어디인가요? 나는 얼마나 오래 여기에 누워 있었나요? 웅웅웅 환풍기가 돌아가는 소리가 들리고 푸릇한 야간 조명이 어둑하게 내려앉고 있을 뿐. 여긴 아무도 없나요? 나는 얼마나 오랫동안 죽어 있었나요? 여자는 입속에 쌓인 흰 먼지와 회색 먼지와 자줏빛 먼지를 뱉어낸다. 아, 목이 마르군요. 내 몸 안에 모래가 가득 차 있어요. 내가 말을 할 때마다 모래들이 주르르 흘러내리고 있어요. 그건 먼 세기에서 흘러오는 꿈과 같아요.

당신은 아름다워요. 청동의 말에 올라탄 목 없는 남자가 말했다. 오래전에 사람들은 당신의 몸에 향유를 바르고 황금의 옷을 입혀주었지요. 그러나 여자여, 지금 당신의 입술은 창백하고 당신의 몸은 누추한 삼베에 싸여 있군요. 누렇게 말라붙은 피부, 움푹 꺼진 눈, 부스러진 손

[*] 이기성, 『사라진 재의 아이』, 현대문학, 2018.

톱과 발톱. 누군가 당신을 슬쩍 건드리면 당신은 정말로 하얀 재가 되어버릴 것 같군요.

하지만 나는 당신을 만질 수 없어요. 우리는 겨우 다섯 걸음 떨어져 있을 뿐인데, 그건 우주의 이편과 저편처럼 아득하군요. 나로 말하자면 3백 년 동안 머리를 찾아다니는 중이랍니다. 적들이 나의 머리를 가져갔어요. 그들은 날카로운 칼로 나의 목을 베었고, 굴러떨어진 머리를 더러운 자루에 담아가지고 사라졌죠. 누런 비 쏟아지는 들판에 버려진 채 나는 목이 사라지는 것을 보았어요. 들개와 산짐승 들이 몰려들었어요. 하지만 지금 나는 두꺼운 유리에 둘러싸인 채 여기에 있군요. 밤이면 황폐한 들판에서 나의 목이 굴러다니는 소리가 들려요. 피냄새를 맡은 짐승들이 몰려들고, 잘린 목은 눈물을 흘렸을까요? 목이 없는데 나는 여기 있군요. 청동의 기사는 울음을 터뜨린다. 아, 나는 정말로 죽고 싶어요. 제발 누가 나의 죽음을 돌려줘요.

목이 없는 기사여, 한때 나는 아름다운 이마와 엉덩이와 허벅지를 가졌어요. 밤처럼 출렁이는 검은 머리카락을 가졌어요. 그러나 그것은 어둠과 벌레들의 것이 되었죠. 지금 나는 앙상한 뼈만 남은 채 누더기 삼베에 둘둘 감겨 있어요. 나의 머리에 꽂혀 있던 아름다운 보석핀은 오래전에 도둑들이 훔쳐 갔어요. 그들은 광활한 사막을 헤맨

끝에 나를 찾아냈어요. 나의 무덤을 파헤쳐 비단옷과 신발과 장신구를 훔쳤어요. 그들 중 한 남자가 오랫동안 나를 쳐다보았어요. 당신은 아직도 아름답군요, 그는 내게 키스했어요. 그러곤 재빨리 나의 목에 걸린 목걸이를 잡아채서 사라졌어요. 나는 다시 홀로 남겨졌어요. 무덤의 천장에 뚫린 구멍으로 별들이 반짝이는 것이 보였어요. 하루이틀…… 나는 그들을 기다렸을까요? 멀리서 별과 밤의 냄새가 흘러오고, 도굴꾼들도 오지 않은 지 오래예요. 검푸른 하늘에서 별들이 모래처럼 주르르 쏟아져요. 별과 밤의 냄새가 나는 키스.

도둑들은 아름다운 옷과 보석을 가져갔지만, 나의 심장에 담긴 금강석만은 찾지 못했어요. 내게 키스한 도둑이 돌아온다면 나는 심장 속의 금강석을 내어 주려고 했어요. 하지만 그는 동료의 칼에 찔린 채 사막의 한가운데서 죽었죠. 그의 몸에서 흘러나온 피가 모래를 적시고 땅속 깊이 스며들었어요. 이 모든 것을 내 가슴을 갉아 먹던 벌레가 말해주었어요. 검은 갑충은 내 심장의 내부를 돌아다니며, 나의 슬픔과 환멸을 모두 갉아 먹고는 황금빛의 날개를 퍼덕이며 날아갔어요. 나는 무덤 속에서 눈을 뜨고 멀어지는 휘파람 소리를 들어요. 땅의 한숨과 바람과 검은 뱀이 기어가는 소리를. 꿈결인 듯 먼 곳에서 도둑 떼가 지나가는 소리가 들려요.

목이 없는 기사여. 예전에 도굴꾼이었던 기사여. 언젠

가 당신이 오면 나의 심장에서 영원히 빛나는 그걸 꺼내서 보여주려고 했어요. 하지만 지금 나의 심장은 텅 비어 있고 검은 모래만 가득하군요. 당신의 적들은 당신의 목을 어디에 두었을까요? 우리의 키스는 어디로 갔을까요? 나는 여기 있는데, 당신은 없군요.

쉿! 발자국 소리가 들려요. 복도의 끝에서 경비원이 오고 있어요. 경비원은 랜턴을 들고 방마다 돌아다녀요. 늙은 경비원은 당신과 나처럼 늙었군요. 그는 겨우 60년을 살았을 뿐인데, 수천 년의 슬픔을 알고 있어요.

지금 경비원의 딸은 물속에 있어요. 검고 어두운 물속에서 깊이 잠들어 있죠. 붉은 산호들이 그녀의 머리에서 피어나기 시작하고, 지나가는 물고기들이 뾰족한 입으로 그녀를 툭툭 건드려요. 하지만 경비원의 딸은 눈을 뜨지 않고, 경비원은 딸이 두고 간 낡은 전화기를 물끄러미 보고 있어요. 그것을 귀를 대면 심해의 모래 소리만 들려와요.

경비원의 아내는 만성 신부전으로 병원에 누워 있어요. 야간 근무를 마친 후에 경비원은 병원 화장실에서 얼굴을 씻고 아내의 병실로 가요. 혈액투석을 위해 굵은 바늘을 꽂은 아내의 몸을 볼 때마다 그는 슬픔으로 숨이 막히는 듯해요.

하지만 그는 아내가 그의 목을 조르고 싶어 하는 것을 알지 못해요. 그의 아내는 불면과 영양 결핍으로 누렇게 뜬 남편의 얼굴을 바라보아요. 허옇게 센 머리카락, 검은 주름이 팬 이마와 움푹한 뺨. 그녀는 벌겋게 충혈된 남편의 눈을 보며 그에게 영원한 잠을 주고 싶다고 생각해요. 하지만 그녀는 자신의 팔에 꽂힌 주사기를 뽑을 힘도 없군요. 병실을 나와 침침한 복도를 걸으며 경비원은 생각해요. 나에게 목이 하나 더 있었다면.

그래요. 그도 목이 잘린 적이 있다는 걸 나는 알아요. 처음엔 등에 모래와 벽돌을 지고 건설 현장에서 일했죠. 작업반장은 그의 등허리에서 흘러내리는 모래를 보며 혀를 찼어요. 잿빛 먼지로 덮인 시멘트 공장과 프레스 기계를 거쳐 나중에 그는 노란 조끼를 입고 밤새도록 편의점의 계산대에 서 있게 되었어요. 취객들이 들어와 술과 담배를 집어 들고 그를 노려보았죠. 그가 입은 노란 조끼는 공사장의 플라스틱 마네킹이 입었던 것과 같아요. 캄캄한 밤에 마네킹은 경광봉을 들고 상하로 흔들었어요. 비가 오나 눈이 오나 어둡거나 밝거나. 빗길에 질주하던 차가 그의 몸을 들이받을 때까지. 플라스틱 팔이 떨어져 나가고 목이 뎅강 잘릴 때까지.

결국 그는 죽은 자들을 지키는 자가 되었군요. 오전에 그는 회색 제복을 입고 뻣뻣하게 굳은 채로 박물관 입구에 서 있어요. 거대한 무덤을 지키는 늙고 피로한 스핑크스처럼 멍하게 죽은 자들을 응시했어요. 어느 날 그의 앞으로 노란 유치원복을 입은 아이들이 몰려와요. 아이들은 작은 새처럼 시끄럽고 순식간에 달아나버리죠. 사방으로 흩어진 아이들은 죽은 왕의 보검 뒤에, 깨어진 달항아리 파편 뒤에 숨었어요. 어떤 아이는 내 갑옷 안으로 들어오려고 버둥거리기도 했죠. 어린 보모 선생은 새끼 고양이들처럼 달아난 아이들을 찾으려다 결국 울음을 터뜨리고 말았어요.

경비원인 그가 마지막 한 명을 찾아냈을 때, 그 아이는 석기시대 옹관 속에서 잠들어 있었어요. 축축한 어둠 속에서 잠든 아이를 안고 그는 석기시대를 빠져나왔어요. 아이의 따스한 체온을 느끼면서 그는 자신이 너무 오래 살았다고 생각했어요. 옹관 속에 누워야 할 것은 정작 자신이었던 것이죠. 경비원의 아내는 오늘도 투석을 위해 병원에 누워 있고, 그의 딸은 물속에 있고, 그는 오늘 밤에 마지막 남은 목을 매달지도 모르죠. 적들이 목을 가져갔으니 나는 목을 매달 수 없군요.

그다음 생에 나의 남편은 시인이었어요. 그는 오래된 악기를 들고 나를 찾아왔어요. 그건 어린 염소의 내장으로 만든 악기였는데 두 개의 현이 각각 슬픔과 기쁨의 소리를 만들어냈죠. 우리는 함께 손을 잡고 동굴 속을 걸었어요. 아, 그날 남편이 뒤를 돌아보았다면 나는 그의 손을 놓고 다시 어둠 속으로 돌아갈 수 있었을까요? 그러나 나의 남편은 오직 자신의 노랫소리에 취한 채 나의 손을 잡고 걸었어요. 결국 나는 햇빛 속에서 쪼그라든 노파가 되어 그의 등에 업힌 채 살아가게 되었죠.

남편의 노래는 점점 현란해지고 사람들은 환호를 보냈어요. 남편이 시장에서 노래를 하면 군중들은 그의 아름다운 목소리에 눈물을 흘렸어요. 하지만 나에겐 차가운 맨발뿐. 어느 날 나는 남편의 노래를 훔쳐내었어요. 그리고 시장으로 달려갔지요. 그건 황금 덩어리처럼 찬란했으나, 내 손에서 멀어지자 금세 돌덩어리로 변하고 말았어요. 상인들은 욕하면서 나를 때렸어요. 나는 시장에서 구걸을 하다가 거리의 미친 여자로 죽었어요.

내가 시장통의 늙은 거지가 되어 살아 있을 적에 남편이 그 거리를 지나간 적이 있었어요. 그는 처음에 나를 알아보지 못했어요. 환호하는 여인들에게 둘러싸인 남편은 비단옷을 입고 손에는 보석으로 치장을 하고 하얀 슬리퍼를 신고 있었어요. 나는 그의 발 앞에 엎드렸어요. 그리고 간절하게, 이 가난한 여인에게 빵을, 빵을! 하고 소리쳤어요. 노래를 멈춘 남편은 나를 일으켜 세우고 나의 눈을 오래 들여다보았어요. '여인이여, 당신에게 사랑의 노래가 필요하군요.' 그는 메말라 터진 나의 허연 입술을 보면서 노래를 불렀어요. 거리에 환호가 메아리쳤고 남편은 뒤돌아보지 않고 떠났어요.

그날 이후 나는 구걸을 멈추었어요. 내가 죽었을 때 시장의 상인들은 나를 거적으로 둘둘 말아서 들판에 내다

버렸어요. 그건 나에게 걸맞은 최후였을지도 몰라요. 남편의 시는 천년 동안 사람들의 입술을 적셔주었지만, 그가 사랑했던 나의 입술은 메마른 먼지가 되어서 곧 부서질 듯하군요.

어쩌면 다음 생에 나는 경비원의 아내가 되어, 빈민들을 위한 병원 한구석에 누워 있을지도 몰라요. 나는 물속에 있는 딸을 생각하며 울었지만 남편을 위해서 울지는 않았어요. 그는 착하고 순결하지만 그것은 이 세상에서 가장 무의미한 것이었죠. 그는 강아지풀, 깨진 유리 조각, 구식 전화기, 찢어진 편지들, 누군가 내다 버린 오래된 거울을 주워 왔어요. 그러니 어느 날 남편이 검은 가방 속에 죽은 자의 머리를 담아 왔대도 나는 놀라지 않았을 거예요.

그는 눈구멍이 커다랗게 뚫리고 코가 떨어져 나간 그 유골이 자신의 먼 조상의 것이라고 말했어요. 나는 남편의 말을 대부분 믿었지만, 그날은 화가 치밀었어요. 내가 그의 가방을 빼앗아 던져버리자 밖으로 튀어나온 유골이 텅텅 계단 아래로 굴러떨어졌어요. 그것은 하염없이 굴러서 무한한 밤 속으로 사라졌어요. 유골을 잃은 남편은 서글프게 울었어요. 그건 남편의 잘못이 아니지만, 나는 증오할 대상이 없었으므로 남편을 미워해야만 했어요. 어린 시절 나를 굶기고 매질하던 부모를 미워할 수는 없었으니까요.

누렇게 뜬 그의 얼굴을 볼 때마다 나의 가슴엔 슬픔과

절망이 회오리쳐요. 그가 내 손을 잡고 울 때 나는 정말로 그의 목을 조르고 싶어요. 고달픈 노동과 슬픔과 악몽으로 점철된 그의 생애. 나는 그가 평생 처음으로 꿈 없는 깊은 잠에 빠지기를, 간절히 원해요. 아, 그에 대한 나의 사랑을 그가 알 수 있을까요? 그의 차가운 얼굴에 입을 맞춘 후, 나는 혈관에 꽂힌 바늘을 빼놓고 멀리 걸어갈 거예요. 나의 피는 검고 탁해지고 오물처럼 찐득해지겠지요. 나는 금세 숨을 헐떡이고 사지는 누렇게 팽창할 거예요. 지금 나의 딸은 물속에 있어요. 내가 죽으면 나는 폭풍이 되어 잠든 그 애를 흔들 거예요. 그 애를 떠오르게 할 거예요.

순찰을 마친 경비원은 담배를 피우기 위해 성냥을 그었다. 오래전에도 성냥불을 켠 여자애가 있었지. 그 애는 불꽃 속에서 환상을 보았어. 하지만 전혀 따뜻해지지 않았지. 이야기 속에서나 현실에서나 성냥은 추위를 녹여주지 못하는구나. 경비원은 성냥갑의 검은 표면에 은색 조각배가 그려져 있는 것을 본다.

배는 세상의 너머로 하염없이 나아가고 있는 것처럼 보였다. 그는 그 배에 자신의 딸이 타고 있을지도 모른다고 생각한다. 아래쪽에는 작은 글씨로 '당신의 슬픔이 어디에 도착할지 알려드립니다'라고 씌어져 있었다. 전화기를 들고 성냥갑에 찍혀 있는 번호를 누른다면, 그는 자신의 슬픔이 언제 끝날지 알게 될까? 그는 한숨을 내쉬면서 그걸 작업복 주머니에 집어넣었다.

나는 여기 머물러야 했을까요?
희미한 조명 속에 빛나는 왕의 보검과 천년 동안 주인 없는 신발과 나무로 만든 부처와 깨어진 밥그릇 사이에서 죽은 자로서. 영원한 그림자로서.
아, 이상하게 뜨겁군요.
나의 텅 빈 심장이 녹아내릴 것 같아요.
미라가 된 여자와 목 없는 기사는 서로를 끌어안았다. 그리고 화염 속에서 천천히 녹아내렸다.

도시의 사람들은 그날 밤을 기억한다. 소방차와 경찰차와 기자 들이 몰려들었다. 하지만 타오르는 화염의 의지를 막을 수는 없었다. 자다 깬 사람들은 텔레비전 화면에서 박물관이 불타는 것을 멍하게 보았다. 그것은 도시의 오래된 성문이 녹아내릴 때처럼 뜨거운 화염이었다. 열두 시간을 타고 마침내 잿더미가 되었을 때, 사람들은 텔레비전을 끄고 물을 한잔 마신 다음 다시 잠이 들었다. 다음 날 도시의 가난한 시인은 거대한 잿더미 속에서 뒹구는 검게 그을린 머리를 발견하였다.

부기: 나는 그녀를 보기 위해서 그 도시의 박물관에 가곤 했

다. 내가 알기로 그녀는 수십 년 동안 그곳에 있었고, 내가 태어나기 전부터 거기에 있었을 것이다. 누런 삼베에 감싸인 그녀는 곧 잠에서 깨어날 듯하고, 어쩌면 굳게 잠긴 잠의 저편에서 나를 바라보고 있을지도 모른다. 플라스틱 관 옆에 작은 나뭇 조각이 붙어 있다. 알 수 없는 문자로 씌어진 그것은 그녀의 이름이었으리라. 먼지 낀 관을 손가락으로 두드려 본다.

 이봐요, 이제 눈을 뜰 시간이에요.

어제의 편지

 어제 지인에게서 한 권의 노트를 받았다. 그는 노트를 공원의 벤치에서 주웠다고 말했다. 자신은 문외한이니 아무래도 시를 쓰는 당신이 읽어보는 것이 좋을 것 같다는 말과 함께.
 공책의 표지는 회색 비둘기 똥으로 얼룩져 있었고 처음 몇 장은 뜯겨 나간 상태였다. 누군가 자신의 일기를 쓰려고 했던 것 같았다. 노트의 주인이 자신의 비밀을 공책에 누설한 후, 그것을 감당하지 못해 슬쩍 공원의 벤치에 버리고 간 것이라고 나는 생각했다. 무정한 빗물이 파란 볼펜으로 쓴 글씨들을 지워버렸기 때문에 그의 비밀은 푸른 얼룩만을 남긴 채 영원히 비밀로 남게 되었다. 노트에 남은 흔적의 일부를 여기에 옮겨 쓴다.

 ……그것은 우체부의 손에 들려 있었다. 수신자에게 도달하기 위해서 반드시 우체부의 손을 거쳐야만 하는 것이 편지의 운명이니까. 편지는 재건축을 앞둔 낡은 3층 건물 입구에 있는 붉은 우체통에서 꺼내진 후 우체국의 분류

벨트를 거쳤다. 우체부는 공과금이나 세금 독촉장이 들어 있는 형식적인 문서 더미에서 푸른 잉크로 쓰인 편지를 발견했다. 수취인 불명이라는 스탬프가 찍힌 편지는 며칠 동안 주인을 찾지 못한 채 반송함에 보관되어 있었다.

우체부는 아침부터 우편물을 배달하러 돌아다녔기 때문에 몹시 피곤했다. 그는 전부터 심장병을 앓고 있었으나 일을 쉴 수는 없었다. 딸아이는 오래전부터 피아노를 사달라고 아내를 조르고 있는 모양이었다. 부지런하고 알뜰하지만 다소 둔감한 그의 아내는 딸아이의 요청을 그에게 전달하지 않았다. 몇 달간 월급을 모으면 딸에게 보급형 전자피아노를 사줄 수 있을지도 몰랐다. 그것은 늙은 가문비나무를 깎아 만든 피아노처럼 묵직한 울림을 줄 순 없겠지만, 어린 딸의 환상을 만족시켜줄 수는 있을 것이다.

낮에 무거운 배달 가방을 메고 주택가의 골목을 걷다 보면 피아노 소리가 들려오곤 했다. 맑고 투명하고 아득한 소리가 어느 집의 창문에서 흘러나오는지 알 수 없었다. 어떤 때는 유려한 음들이 물결치듯, 어떤 날은 어린아이가 호기심에 차서 건반을 두드려보는 듯한 서투른 음들이 튀어나와 골목을 채웠다. 그런 날이면 발길을 멈추고 가만히 귀를 기울였다. 그러면 청명한 피아노의 음들이 음악을 알지 못하는 그의 투박한 가슴을 맑게 두드리곤 했다. 겨울의 창문에 떨어지는 투명한 빗물처럼.

우체부는 모퉁이에 놓인 벤치에 앉아서 담배를 피웠다. 노란색 유치원복을 입은 아이의 손을 잡고 젊은 여자가 걸어갔다. 폐지가 잔뜩 든 수레를 밀면서 늙은 여자가 천천히 지나갔다. 정오의 태양이 점점 열기를 내뿜고 있었다. 머리통이 아이스크림처럼 녹아내릴 것 같다고 생각하면서 그는 수취인 불명의 편지를 뜯었다.

당신은 어제 죽었습니다.
지금 이 편지를 받는 당신은 어제 죽은 당신입니다.
어제 죽은 당신에게 이 편지를 보냅니다.
당신은 오늘 편지를 받고 어제 죽었습니다.

파란 잉크로 쓰인 글자들은 하염없이 계속되었다. 어제 죽은 남자가 편지를 받았고, 편지를 받은 남자는 어제 죽었으며, 편지를 받고 어제 죽은 남자는 오늘 다시 편지를 받는다.

늙은 우체부는 문득 가슴에 통증을 느낀다. 눈앞이 흐려지고 자동차 경적과 아이들이 떠드는 소리가 아득히 멀어졌다. 세상과 그 사이에 투명한 유리 장막이 생겨나 모든 소리를 차단하고 있는 것만 같았다. 회색 제복 속 그의 심장이 천천히 오그라들었다.

그것은 오래전에 도착해 있었다. 우체부는 오래전에 알았던 사실을 이제야 깨닫는다. 낯선 편지로부터 결코 달

아닐 수 없는 어떤 수신인의 운명을. 식어가는 야윈 손이
백지를 움켜쥔다.

벽 속의 남자

 나의 친구 K는 벽 속에 있다. 난, 여기에 오래 있을 거야. 벽 속만큼 어둡고 따뜻한 곳은 없거든. 게다가 아무도 노크를 하지 않으니 얼마나 조용한가 말이야. 전에 그는 외판원이었다. 어린이용 백과사전과 동화책 들을 팔았고, 건강식품과 정수기와 스테인리스 냄비를 팔러 다녔다. 그는 커다란 박스를 들고 대문을 두드렸다. 문이 열리는 일은 드물었지만 간혹 누군가 문을 열고 비쭉 얼굴을 내밀었다. 심심한 주부들이나 중년의 독신자나 늙은 여인들. 예의 바른 세일즈맨의 얼굴로 단정하게 인사를 건넸지만 그들은 실망한 듯 표정을 구기고 문을 쾅 닫아버렸다.
 외판원 일이 그의 천성에 맞지 않는다는 건 일을 시작하자마자 알게 된 사실이었지만, 그는 20년이나 버텼다. 그건 긴 세월 같지만 눈 깜빡할 사이에 지나간 순간 같기도 해. 하여튼 나는 이제 노크하는 사람이 아니야. 따뜻하고 과장된 미소를 지을 필요도 없지. 그리고 아무도 내게 문을 열어달라고 하지 않으니 얼마나 좋은지 몰라. K가 얼마나 오래 벽 속에 있을지는 알 수 없지만, 그가 외롭지 않았으면 좋겠다.

똑. 똑. 똑.

 수도꼭지는 그가 처음으로 이사를 들어온 날부터 한 방울씩 물을 흘려보냈다. 똑똑 동그란 물방울들이 날카로운 바늘처럼 일정한 속도로 떨어진다. 먼 곳에서 타전되어 신호처럼, 그것은 귓바퀴를 돌아 검은 터널을 지나 모세혈관 속으로 파고든다. 날카로운 나사못처럼 빙빙 돌면서 내부의 공간을 확장시킨다. 참을 수 없을 만큼 느리게 혹은 빠르게 점점 깊게, 깊게…… 빙빙 돌며 파고 파고 또 파고……

 아, 손을 뻗칠 수 있다면 달려 나가 수도꼭지를 확 잠가 버리고 싶다. 벌겋게 녹이 슨 수도꼭지를 떼어내서 될 수 있는 한 멀리, 이 우주의 바깥으로 던져버리고 싶다. 빙빙 돌면서 검은 허공을 날아가는 수도꼭지. 그것은 어쩌면 운석처럼 보일지도 모른다. 오래전 어느 별에서 떨어져 나와 한없이 날아가는 쇳조각. 아, 아니다. 지금 그의 손이 간절히 누르고 싶은 것이 있다면 그것은 그녀의 희고 가느다란 목덜미일지도 모른다. 가녀린 호흡의 파동을 손끝에 느낄 수 있다면…… 당장이라도 박차고 나갈 수 있을 것만 같다. 그러나 지금 그의 상황이라면 모든 것을 포기할 수밖에 없다. 아, 벽 속에 있으니 참 불편하구나.

구두

빨간 하이힐은 뒤축이 부러진 채 현관에 뒹굴고 있었다. 문이 쾅 닫히는 순간이었을까. 아니면 반동에 못 이겨 쇠문이 튕겨져 나가면서 몰고 들어온 바람이 식탁의 다리를 휘감고 마침내 벽 속에 있는 그의 코끝에 다다른 순간이었을까. 오래 묵은 상념들, 눅눅한 후회와 수만 번 되씹어보았을 회한들이 그의 폐 속에서 지진처럼 흩어지며 쏟아진다. 발작처럼 터져 나오는 그것들을 수습하지 못한 그는 굳어가는 얼굴을 필사적으로 씰룩거려본다.

그녀는 흰 맨발로 보도블록을 딛고 갔을 것이다. 전족을 풀어낸 중국 여인처럼 작고 하얀 발로 새처럼 보도를 걸어가는 여자. 뜨거운 태양이 쏟아지는 한낮에 사람들이 제 그림자를 매달고 고독하게 걸어가고 있다.

그는 문을 쿵쿵 두드리는 소리를 듣는다. 그는 결코 문을 열지 않으리라 생각한다. 문을 잘못 열었다가는 얼마 전에 그랬듯이, 주님을 믿으세요, 늙은 여자의 쉰 목소리가 그를 옭아맬 것이다. 그가 문을 닫으려 하자 구부정한 노파는 재빠르게 문틈에 자신의 손을 끼웠다. 새의 부리처럼 앙상하고 검은 손가락. 노파는 번들거리는 눈을 빛내며 입을 벌려 나쁜 냄새를 훅 뿜어냈다. 결국 그는 그녀의 손가락을 하나씩 떼어내야 했다. 집요한 악력으로 매달리던 노파는 마침내 체념한 듯 손을 놓았다. 어두운 복도를 절룩이며 걸어가는 낡고 뭉툭한 구두.

 여자의 구두가 마침표처럼 덩그러니 굳어가는 시간 속에 놓여 있다. 그들이 처음 시청의 넓은 뜰에서 마주쳤을 때, 그녀는 흰 스커트를 입고 흰 구두를 신고 있었다. 퉁퉁 부은 눈으로 보도블록의 금을 밟고 서 있는 여자. 햇빛 속에서 그녀의 모습은 한 덩어리의 빛처럼 보였다. 벤치에 앉아서 서류를 훑어보던 그가 천천히 일어나 그녀의 앞으로 다가갔다. 블록의 경계 위에 희고 뾰족한 구두와 투박한 검은 구두가 함께 서 있었던 순간은 어떤 느낌이었을까.

개미
 놀이터에서 애들이 놀고 있다. 지저귀는 새처럼 날카로운 웃음소리가 공중을 가른다. 그네를 타고 솟구치는 아이들. 시소에 매달린 아이들. 두더지처럼 흙을 파는 아이들. 그는 이 모든 것을 벽 속에서 보고 있다. 시멘트 냄새가 스며든다. 숨을 몰아쉬어본다. 개수대에 담긴 말라붙은 그릇들에서 피어나는 악취가 방 안을 채우고 있다. 그것은 그의 텅 빈 입에서 흘러나온 신음과 뒤섞여 벽 위에 검게 얼룩진다.
 길고 지루한 얼룩처럼 개미들이 줄지어 올라오고 있다.

넓적한 발바닥을 횡단하여, 복사뼈를 지나 봉우리처럼 솟은 무릎을 지나, 희고 단단한 허벅지를 지나 음침한 그곳까지. 꼬물거리는 까만 활자처럼 개미들은 하염없이 기어오른다. 집요하고 냉정하게 그의 쭈그러든 욕망을 관통한다. 광대한 폐허의 사원을 지나, 마침내 광막한 들판 같은 가슴과 쇄골을 지나, 창백한 입술을 지나서 텅 빈 눈을 지나서 하염없이 하염없이……

소풍

풀밭은 가족들과 가족들이 사랑하는 가족들이 사랑하는 가족들과 가족들이…… 영원한 가족들과 가족들이 점령하고 있다. 뜨거워진 공기는 소음으로 터질 듯이 달아오른다. 그들은 돗자리를 들고, 김밥을 싸고, 아직은 새것처럼 보이는 차양 넓은 모자를 쓰고 이른 아침에 길을 나섰을 것이다. 김밥에서는 살짝 쉰내가 퍼지고, 아이들의 얼굴엔 땀이 흐르고, 여자들은 얼룩진 화장을 고친다. 남자들은 보이지 않는 풀숲에서 오줌을 누며 잔디밭에서 경쾌하게 셔틀콕이 날아오르는 것을 본다.

풀밭 위에 누워서 남자는 곧 겨울이 오는 것을 느꼈다. 목덜미에 하나의 소름이 돋기 시작하고, 빗방울이 떨어진 자리처럼 선명한 고통이 찾아온다. 빨간 구두를 신은 여자는 자꾸 김밥을 건네고, 늙은 가족들과 어린 가족들이 그들의 주위를 둘러싸고 있다. 세상은 더워지기 시작하는 공기 속에 나른하게 정지해 있다. 미지근한 물속에 잠겨들 듯 잠 속으로 빠져드는 찰나,

— 개새끼.

잔디밭에서 배드민턴을 치던 사내아이가 제 아버지를 향해서 날카롭게 소리친다.

남자의 목덜미에 한 방울 차가운 비가 똑 떨어진다. 남자는 전율한다. 그는 누군가 벽 속에서 이 모든 것을 남김없이 지켜보고 있는 것을 알았다. 풀밭 위에서 눈을 감으며 남자는 벽 속의 커다란 눈동자를 생각한다. 움푹 빈 눈동자에서 왈칵 어둠이 흘러 나온다.

아해들

지구의 아해들이 쏟아져 나온다. 햇빛 속으로, 하얗게 번쩍이는 햇빛 속에서, 아해들은 땀을 흘리면서 달려 나온다. 중앙 공원으로 가는 모퉁이, 아해는 다른 많은 아해들에게 둘러싸여 있다. 손바닥에 끈적하게 땀이 흐른다. 맹수의 시선처럼 날카로운 정오의 햇빛 속에서 벌거벗겨진 아해는 웃지 못한다.

사내의 눈동자는 이 모든 것을 보고 있다. 아해들이 아해를 걷어차고, 그 호주머니를 뒤져 구슬을 훔쳐내는 것을. 아해는 얼굴이 땅에 처박힌 채 버둥거린다. 캑캑 숨소

리가 햇빛 속에서 뚝뚝 끊어진다. 영롱한 구슬이 햇빛 속에서 알록달록 눈부시게 반짝이는 것을, 그 참혹한 아름다움을 아해는, 영원히, 이해하지 못하리라.

사내의 눈동자는 눈물을 흘린다.

기도

손이 작아지고 있다. 그래서 발이 더욱 커지고, 얼굴이 부풀고 배가 나오고 손은 더 작아진다. 손이 점점 작아지다가 마지막엔 팔에 작은 열쇠고리처럼 대롱대롱 매달리게 되는 것은 아닌지, 사내는 큭큭 웃었다.

시멘트를 이겨서 건물을 짓던 노가다 손이다. 청계천 쪽방에서 두꺼운 천을 재단하던 손이다. 친구의 고발장을 쓰던 손이다. 컴컴한 지하실에서 불온한 자들의 목을 조르던 손이다. 비명을 지르는 입을 틀어막던 손이다. 공포에 떨던 이들이 흘린 오물을 치우던 손이다. 여인의 가슴을 탐하던 손이다. 갓 태어난 아이의 몸을 어루만지던 떨리는 손이다.

손이 사라진다면…… 다시는 두 손을 가슴에 모을 수 없을 것이다.

비밀

 식당의 사내는 글을 쓰고 있었다. 그는 왼손으로 오른쪽에서 왼쪽으로 무언가 쓰고 있었다. 펼쳐진 공책 위에 낯선 나라의 글자가 빼곡히 채워진다. 좁은 골목에 식당의 훈김이 피어오르는 저녁, 노동자들이 국수를 건져 먹거나 뜨거운 국물을 마시고 있을 때, 남자는 열린 창가에 앉아서 오직 글을 쓰는 일에 몰두하고 있었다. 그것은 의례적인 안부를 묻는 편지이거나, 먼 나라의 애인에게 보내는 이별의 선언 혹은 직장 상사에게 보내는 사무적인 보고서일지도 모른다. 아무려나 남자는 그의 펜이 푸른 선이 그어진 종이 위를 달려가는 것을, 때로는 잠시 망설이듯 멈추었다가 곧 단호하고 빠른 속도로 달려가는 것을 보고 있었다.

 그는 오랫동안 남모르는 욕망을 일기책의 갈피에 숨겨두었다. 그것은 먼 나라의 여행에서 가져온 매혹적인 냄새가 밴 오래된 엽서 같은 것이었다. 숨겨둘수록 화려한 색채는 점점 희미해지고 냄새는 휘발되었지만, 그 흐릿해져 가는 색채와 선들로 이루어진, 모르는 나라의 궁전의 타원형 처마들을 애타게 그리워하게 되는 그런 열망이었다.

 그래, 나는 오래전에 작가를 꿈꾸었었지. 벽 속의 사내가 중얼거렸다.

코끼리

알록달록한 색의 천과 금속 장식으로 치장한 코끼리와 뒤를 따르는 광대 악단의 트럼펫 소리가 여름 한낮 도시를 지나간다. 오래전의 일이다.

동물원의 창살 너머 알록달록한 옷을 걸친 코끼리가 천천히 발을 옮긴다. 잿빛 쭈글쭈글한 귀를 흔들며 코끼리가 움직일 때마다 쿵쿵 땅이 흔들린다. 코끼리는 야자수가 그려진 더러운 벽을 바라보다가 기억난 듯이 쭈글거리는 호스 같은 콧구멍에서 구정물을 뿜어낸다. 하지만 서커스에서 배운 기예는 더 이상 예술이 되지 못한다.

여자는 우연히 그곳에 서 있었을 뿐이다. 세상에, 코끼리가 사람에게 돌을 던지다니! 돌팔매를 맞은 여자는 카메라 앞에서 호소한다. 여자의 모욕감은 코끼리의 잿빛 몸뚱이보다 크게 부푼다. 하지만 느닷없이 날아오는 돌을 맞은 건 여자뿐이 아니다. 익명의 사내는 방송국으로 편지를 보낸다. 글쎄, 코끼리 귓속을 들여다보라니까요. 내가 거기에 송신기를 넣어두었다고요. 사내의 편지는 구겨져 쓰레기통에 처박힌다.

의회

회합이 끝나고 회관의 문이 닫힌다. 두꺼운 모직 정장을 입은 의회의 신사들은 중절모를 덮어쓰고 검은 자동차를 타고 사라진다. 그들은 따뜻한 김이 피어오르는 식탁 위에서 불멸의 기도를 올리고 온화한 가장의 웃음을 지을 것이다.

자정 무렵 비가 조금 내렸고, 번들거리는 빗물이 마지막 바퀴의 흔적을 지워버린다. 빌딩의 수위가 스위치를 끄자 도시는 깊은 어둠에 잠긴다. 노숙자들은 누더기 담요를 머리끝까지 덮어쓰고, 첨탑 위의 노동자들은 소리 없이 추락한다. 도로에 고인 빗물이 하얗게 얼어붙고 있다.

K의 코끝에도 찬바람이 스치고 유리창에 살얼음이 달라붙는 소리가 들린다. 겨울이 오고 있는 모양이다.

흰

진눈깨비가 내리는 날 철거가 시작되었다. 슬레이트 지붕이 무너지고, 집 안에 숨어 있던 노인과 애들이 비명을 질렀다. 숟가락과 접시가 깨지고 박살 난 옷장과 거울의 파편이 사방으로 흩어졌다. 검은 군화가 바닥에 떨어진 흰 팬티를 밟고 지나갔다. 여자들이 바닥에 쓰러졌다. 헬멧을 쓴 철거반원들이 유리창을 깨고 현관문을 부수고 벽을 향해 다가왔다. K는 그들을 향해 부서진 벽돌을 좀 던져보려 하였으나 그것은 불가능하였다. 팔과 다리가 벽돌처럼 뻣뻣하게 굳어 있었던 것이다.

혀

 이봐, 여기서 뭘 하는 거지? 남자는 목장갑을 낀 손으로 벽 속의 K를 가리켰다. K는 한껏 웅크린 채 눈을 감았다. 자신의 누추한 거처가, 헝클어진 머리가, 쪼그라든 손과 발이 드러나는 것이 부끄러웠는지도 모르겠다. 웅성거리는 소음에 둘러싸인 채 K는 발굴되었다.

 마침내 그들이 벽 속의 K를 뜯어내어 트럭에 실었다. K는 그들의 불친절한 손길이 매우 불쾌하였으나 끝까지 예의를 지키려 애썼다. 트럭에는 부서진 옷장과 폐자재, 녹슨 못이 박힌 각목과 깨진 유리창 들이 실려 있었다. 덜컹이며 트럭이 출발하자 부풀어 올랐던 혀가 갑자기 부패하기 시작하였다. 검은 물이 뚝뚝 떨어지며 이상한 냄새가 퍼져 나간다. 그러나 K는 자신의 유일한 장기인 인내심을 발휘하여 꾹 참기로 하였다.

어떤 침묵

맑고 화창한 날이었던 모양이다. 그녀는 암벽으로 이어진 비탈을 등지고 서 있다. 바위는 단단하고 강퍅하고 엄격하게 보인다. 나뭇가지의 검은 그림자가 길게 늘어져 그녀의 눈과 코와 입을 덮고 있다. 그녀는 허름한 스웨터에 발목까지 내려오는 긴 치마를 입고 발에는 고무신을 신고 있다. 비탈진 산길에 적합해 보이지 않는 패션이다. 곧게 가르마를 타서 쪽 찐 머리에는 옻칠을 한 나무 비녀가 꽂혀 있을 것이다. 그녀는 산비탈을 오르기 전 누군가의 부름에 의해 걸음을 멈추었을 것이다. 그리고 생전 처음 보는 이상한 물건을 향해 얼굴을 돌린다. 서투른 사진사가 셔터를 누르는 순간, 불안하게 굳어진 표정으로 잠깐 숨을 멈추었을지도 모르겠다.

그녀가 낯선 풍경 속에 홀로 서 있었던 날은 언제였을까. 동네 여인네들과 함께 모처럼 나들이라도 나섰던 것일까. 본 적이 없는 꽃무늬 치마와 스웨터라니. 알 수 없는 풍경 속에 내가 모르는 아직 젊은 여자가 고스란히 붙

박여 있다. 오래된 흑백사진 속에서 어떤 순간이 떠오른다. 몇 달째 누워 있던 그녀의 몸에서 번져 나오던 검은 냄새와 뻣뻣해져가던 팔과 다리, 가쁘게 이어지는 마지막 숨소리를 들으며 일곱 살짜리 아이처럼 그녀 옆에 누워 불안한 잠 속으로 빠져들던 어떤 오후.

나는 그것을 오래전에 알았단다, 아가야.

나는 오래된 부엌에 앉아 할머니의 이야기를 모두 들었다. 할머니의 얼굴은 희미한 음영이 드리워진 채 어둠 속에 잠겨 있었다. 나의 귓속엔 촛농처럼 하얀 어둠이 가득 차 있었지만, 그녀의 얼굴에 덮인 무수한 주름들이 빚어내는 언어를 나는 모두 알아들을 수 있었다.

할머니는 열여덟 살에 혼인했다. 그녀는 마을의 다른 여자들처럼 무명으로 만든 저고리에 잿빛으로 물들인 일본식 바지를 입고 있다. 그녀의 남편은 소매가 좁은 낡은 회색 양복을 입고 앞코가 닳은 구두를 신고, 인근 마을을 돌아다니며 지주에게 바칠 세금을 걷었다.

남편은 새벽닭이 울기도 전에 일어나서 마당 귀퉁이의 창고에 쌓아놓은 자루들을 어깨에 지고 낡은 달구지 위에 옮겨놓았다. 그녀는 어두운 부엌으로 들어가 아궁이에 재빨리 불을 지피고 무쇠솥에 뜨거운 물을 끓인다. 그리고 한 줌 불린 보리쌀을 넣어 나무 주걱으로 휘휘 젓는다. 묽은 죽을 사발에 담아 작은 소반에 받쳐 들고 마당으로 나가 남편에게 건넨다. 남편은 후후 불면서 죽을 다 마신 후 외양간에서 막 깨어난 소를 몰고 나와 달구지에 묶는다. 할머니는 방 안에서 아기가 뒤척이는 소리를 듣는다. 사방은 아직 어둡고 남포등 불빛이 차가운 공기 속으로 퍼져간다.

아기의 이가 몇 개 돋아나고 달큰한 젖내가 어두운 방 안에 은은하게 스민다. 그리고 어느 날 남편은 달구지에 실려서 돌아온다. 그녀는 남편의 머리가 반쯤 깨어지고 흘러나온 피가 구겨진 잿빛 양복에 젖어든 것을 본다. 뻣뻣하게 식은 손은 검보라빛으로 변해 있었고, 낡은 구두의 한쪽은 벗겨져 있었다. 신작로를 달리던 도라꾸가 그의 달구지를 쳤고, 그 바람에 달구지 옆에서 걸어가던 남편이 도랑으로 굴러떨어지며 바위에 얼굴을 부딪쳤다고 했다. 산사람들의 소행일 거라고 수군거리는 소리가 그녀의 귀에도 들려왔다. 남편은 소출 문제로 많은 이들에게 인심을 잃었으니 알 수 없는 일이었다. 전쟁으로 인심은 흉흉해졌고 죽음은 흔했다.

죽은 남편을 병풍 뒤에 누이고 할머니는 아랫목에 누웠다. 불을 지피지 않은 방 안엔 냉기가 감돌고, 아기가 방 안을 기어다니며 칭얼거리고 있었다. 새벽 차가운 닭 울음소리가 들리기 시작했을 때, 그녀는 참을 수 없는 허기를 부여잡고 부엌으로 기어갔다. 불을 지피고 죽을 끓였다. 그리고 혀를 데는 줄도 모르고 뜨거운 죽을 마셨다. 정신이 들자 그녀는 구석에 놓인 항아리 뚜껑을 열어보았다. 거친 보리쌀이 반쯤 차 있었다. 제사에 쓰기 위해 숨겨둔 약간의 흰쌀과 고구마 몇 개로 겨울을 날 수 있을까. 젖이 돌아 무명 저고리 앞섶을 적시고 있었다.

 남편을 얼어붙은 흙 속에 묻은 후 그녀는 홀로 겨울을 보냈다. 차가운 바람이 덜컹거리며 종이를 바른 방문을 할퀴고, 고양이들이 날카로운 발톱을 세우고 지붕 위를 함부로 내달렸다. 어두운 방에서 아기를 끌어안은 채 그녀는 숨을 죽였다. 창고로 쓰는 윗방에서 배추와 감자가 얼었다 녹으며 물큰하게 썩어가고 있었다. 눅눅하고 검은 냄새가 방 안을 가득 채웠었다고 늙은 할머니는 내게 말했다.

 아기가 죽은 것은 3월이었다. 입춘이 지나 냇물이 풀리고 있었지만, 가장자리엔 살얼음이 아직 녹지 않은 채 시린 이빨을 드러내고 있었다. 지붕과 마당을 뒤덮은 새하얀 눈 속에서 아이의 몸은 불꽃처럼 뜨거웠다. 작은 몸뚱이는 뜨거운 열기를 견디지 못해 뒤틀리고 있었다. 앙상한 손가락과 발가락이 꿈틀거리며 경련을 일으키더니 천천히 사그라들었다. 몇 시간 후 마을 사람이 어둑한 벌판에서 맨발로 웅크린 그녀를 발견했다. 파랗고 뻣뻣하게 변한 아이를 가슴에 안고 잠들어 있었다고 했다.

 할머니는 그날을 기억하지 못했다. 사람들이 어떻게 그

녀를 데려다 꽁꽁 언 몸을 녹였는지, 필사적으로 저항하는 그녀의 품에서 아기를 빼앗았는지, 정신을 잃은 그녀를 남겨놓은 채 마을 남자들이 아이를 가져다 어디에 묻었는지 그녀는 알지 못했다.

몇몇 호의적인 사람들의 돌봄 속에서 정신을 차렸을 때, 문밖에는 어느새 부드러운 봄바람이 불고 있었다. 남편이 주위의 따가운 눈총 속에서 겨우 일궈놓은 살림들, 작은 초가 한 칸과 집 앞의 작은 채마밭을 팔고, 몇 가지 세간은 이웃들에게 나누어 주었다. 통통한 이웃집 여자에게는 부뚜막에 달려 있던 검은 솥단지를 주었다. 여자는 입을 함지박만 하게 벌린 채 무거운 솥을 이고 집으로 돌아갔다. 할머니는 잿빛으로 기운 바지와 누비저고리를 입고, 보퉁이에 옷가지와 나무 숟가락을 넣은 채 사립문을 닫고 걷기 시작했다. 한없이 느리고 느린 걸음이었으나 뒤를 돌아보지는 않았다.

세계는 전쟁 중이었다. 헐벗은 사람들이 넘쳐났고, 그들은 먹을 것을 찾아서 이리저리 헤매고 있었다. 늙은 남자와 여자 들, 젊은 여자와 그녀의 가족 들이 허름한 봇짐을 지고 누렇게 말라버린 들판을 걸었다. 그들은 어두워지면 걸음을 멈추고 추위를 피할 곳을 찾아들었다. 커다란 나무 아래나 바위에서 다리를 뻗고, 논길을 걷는 동안에 주워 온 곡식을 불에 구워서 배고픔을 해결했다. 아이들의 배는 굶주림에도 불구하고 비정상적으로 부풀어 올랐다. 늙은이들은 밤새 차가운 땅바닥에서 기침을 하다 새벽에 죽었다. 가족들은 마른 잎들을 긁어내고 얼어붙은 땅을 파낸 다음 시신을 묻었다. 땅을 깊게 팔 도구가 없었고 힘을 쓸 남자들은 거의 전쟁에 끌려갔기 때문에, 시신 위에 얇은 이불처럼 흙을 덮었다. 배고픈 짐승들이 갓 만들어진 무덤을 파헤친다 해도 어쩔 수 없는 일이었다.

아침이 되어 노란 태양이 지평선 어귀에 떠오르면 그들은 또다시 짐을 꾸려 들고 걷기 시작했다. 나의 할머니는 그들 무리 중 하나였을 것이다. 할머니는 몇 번이나 기워진 잿빛 옷에 밑창이 닳아 형체만 남은 신발을 신고 걸었다. 들판의 끝에 다다를 무렵 누군가 그녀에게 말라빠진 무 뿌리를 내밀었다. 허겁지겁 그것을 씹으며 바라보니 다 해진 군복을 입은 남자가 절뚝이며 멀어지고 있었다. 누군가 빨치산의 잔당이라고 내뱉는 소리가 들렸다.

들판의 먼 곳에서 훈련을 받는 신병들의 구령이 들려왔다. 곧 전쟁터로 보내질 어린 청년들이 검게 그을린 얼굴로 목검을 메고 땀을 흘리며 행진을 하고 있었다. 동네마다 불 꺼진 빈집이 많았고 개 짖는 소리가 드문드문 들려왔다. 그녀가 어떤 길을 걸어서 어디까지 갔는지는 알 수 없다.

할머니의 손녀인 나는 학교에 간다. 교실 한가운데 목탄 난로가 타오르고 더워진 공기 때문에 나의 이마엔 땀이 배어 나오고 있다. 거기서 나는 오래전에 일어난 전쟁에 대해서 배운다.

선생님은 슬픈 목소리로 전쟁은 고통스러운 것이라고 말한다. 아이들은 선생님의 근심을 이해하지 못한 채 명랑하게 웃음을 터뜨린다. 그녀는 매우 어색한 표정으로 전쟁 당시 바닷가의 도시에서 수많은 사람들이 죽었다고 말한다. 그중에는 할머니의 친척들과 사촌 언니들, 두꺼운 목화솜 이불에다 오줌을 싼 채로 누워 지냈던 할머니의 할머니도 포함되어 있었다. 그리고 얼굴을 모르는 여자와 남자와 또 아이들과 늙은이들과 젊은이들도.

살아 있는 동안 할머니는 때때로 자신의 죽음을 기억했다. 전쟁이 끝난 지 오래되었지만 그때는 아직도 무너진 건물 사이로 배고픈 사람들이 유령처럼 걸어 다니고 있었을 때였다. 장터의 허름한 식당에 놓인 커다란 가마솥 앞에서 할머니는 더러운 신문지를 바라보고 있었다. 돼지고기를 쌌던 신문지엔 진흙과 핏물이 묻어 있었다. 검은 잉크로 인쇄된 글자들을 그녀는 읽을 수 없었다. 희미한 사진 속의 사람들은 이미 죽은 자들이었다. 빨치산들의 시신을 덮어놓은 거적 아래 시커먼 발이 튀어나와 있었다. 그것은 그녀의 눈앞에서 영원히 검은 형상으로 고정되었다. 커다란 가마솥이 걸린 부엌 안에서 그녀는 자신이 죽어 있음을 느꼈다.

나는 그것을 오래전에 알았단다, 아가야.

할머니는 깊은 잠에 빠지기 전의 목소리로 이야기했다. 그녀의 혀가 천천히 굳어가고 있었기 때문에 나는 그녀의 가슴에 귀를 대어야 했다. 천천히 멈춰 서는 심장의 파동이 귓속에 아득하게 느껴졌다. 그녀의 심장에서 어떤 말들이 솟구치려 안간힘을 쓰고 있다는 것을 나는 알았다. 할머니의 눈동자가 잿빛으로 굳어갈 때 그녀의 마지막 호흡을 타고 목구멍을 가까스로 빠져나온 목소리가 공중으로 튀어 올랐다. 그것은 벽에 걸린 거울에 부딪쳐서 바닥으로 떨어졌다가 그녀의 검은 입속으로 되돌아왔다. 나는 할머니의 목소리가 흐느끼며 속삭이다가 카랑카랑하게 웃다가 다시 말없이 흐느끼는 것을 모두 들었다. 그것은 끊어질 듯 이어지며 영원히 흘러가는 어떤 노래

그리고 어떤 침묵.

삼우제가 끝난 후 할머니의 사진과 물건 들을 태웠다. 향내가 눅눅하게 고인 절 뒷마당에서 그녀의 낡은 꽃무늬 치마와 허름한 속옷들, 몇 벌의 스웨터가 타들어가고, 흰 손수건에 꽁꽁 싸놓았던 구리 반지와 모조 보석이 박힌 싸구려 브로치가 매캐한 불길 속에서 녹아내렸다. 나

는 손을 내밀어 막 불이 붙기 시작한 사진 한 장을 집어낸다. 오래된 여인의 얼굴에 빗방울이 툭 떨어졌다. 늦은 장마가 시작되고 있었다.

수요일의 편지

 3층으로 올라가는 계단에 고양이 한 마리가 앉아 있었다. 한밤의 침입자를 경계하는 눈빛으로 그를 노려보던 고양이는 마지못해 천천히 몸을 일으켰다. 그리고 뾰족한 금속성의 울음소리를 남긴 채 녹슨 난간 사이로 사라졌다. 그는 마지막 계단에서 심호흡을 한 뒤 녹슨 철문을 밀었다.
 방 가운데는 커다란 가방이 덩그러니 놓여 있다. 검은 가방은 지퍼가 벌어진 채 어둠으로 가득 찬 내부를 뻔뻔스레 드러내 보이고 있다. 빗소리가 고양이 울음처럼 가늘고 길게 이어지고 있었다. 그는 욕실로 들어가 더운물로 몸을 씻고 식탁에 앉아 밥을 물에 말아서 조용히 먹었다. *시적이고 몽환적인······*
 꿈속에서 그는 커다란 검은 가방을 들고 어딘가 도착하기로 되어 있는 기차를 탔으나, 기차는 단 한 번도 목적지에 도착하지 못했다. 허공과 절벽을 질주하는 열차 속에서 흐릿한 비명 소리를 들은 것 같았으나 그는 눈을 뜨지 못했고, 겹겹이 접힌 꿈속으로 기차는 계속 달려갔다.

편지는 수요일 오전에 도착했다. 그것은 몇 개의 청구서와 고지서, 백화점의 홍보물과 함께 우편함에 꽂혀 있었다. 심술궂게 비틀린 입술을 쑥 내민 채. 어두운 계단의 우편함 속에서 그는 우편물을 거두어 왔다. 회사의 로고가 박힌 종이를 펼치자 단정하고 예의 바른 글자들이 그를 향해 쏟아져 내렸다. 편지의 내용은 짤막했다. 그는 침착하게 그 짧은 문장을 세 번 읽었다.

그는 학습 자료를 개발하는 회사의 녹음실에서 근무했다. 지난 2년간 날마다 회사로 출근했다. 아침마다 군청색 제복을 입은 경비들이 회사의 입구를 청소하고 있었다. 계단과 복도를 청소하는 여자들은 대걸레를 들고 락스 냄새를 풍기며 복도를 돌아다녔다. 그녀들은 지하의 작은 방에서 아침 식사를 만들어 먹었다. 때로 김치찌개나 기름에 부친 밀가루 냄새가 복도를 지나 그의 방까지 올라올 때가 있었다. 그 냄새들은 그가 어머니와 함께했던, 짧았던 어린 시절의 어떤 아침을 떠올리게 만들었다. 그러나 회사의 담당자가 냄새가 난다는 이유로 그녀들의 취사를 금지해버렸기 때문에 다시는 음식 냄새를 맡을 수 없게 되었다.

그는 흐릿한 복도를 천천히 걸어 마지막 방의 문을 열고 들어갔다. 인스턴트커피를 마시며 신문을 훑어보고 라디오를 틀었다. 쇼팽의 즉흥곡과 1970년대 유행가들이 교통

방송 아나운서의 목소리에 뒤섞여 흘러나왔다. 실업계 고등학교를 졸업한 후 이런저런 아르바이트를 하다가 우연히 녹음실 일을 시작하게 되었다. 회사에 소속된 성우들이 원고를 녹음하면 그것을 적당한 포맷으로 정리하는 일이었다. 성우들은 자주 바뀌었지만 그들의 목소리는 항상 윤택하고 탄력이 있었다. 광섬유처럼 반짝이는 목소리가 그의 손끝에서 길게 늘어나거나 급박한 톤으로 바뀌었다.

그들은 가끔 짧은 소설을 녹음하기도 했다. 그 소설은 페루의 외딴 해변에서 혼자 사는 남자의 이야기였는데, 첫 장면에서 '시적이면서도 몽환적인'이라는 말이 여러 번 반복되고 있었다. 먼지와 기름때가 낀 컴컴한 녹음실에서 그는 검고 투박한 헤드폰을 쓰고 그들의 낭독을 들었다. *시적이면서도 몽환적인……* 알 수 없는 목소리들이 그의 귓속을 맴돌았다. 그사이 저녁 6시가 되었고 그는 여느 때와 같이 컴퓨터를 끄고 사무실의 스위치를 내리고 어두운 복도를 걸어 나왔다.

꿈속에서 그는 커다란 가방을 들고 문 앞에 서 있었다. 오래된 문에서 녹색 페인트가 얼룩덜룩 떨어져 내렸다. 문고리를 당기자 철문이 스르르 열리고, 오랫동안 고여 있던 바람이 쏟아져 나왔다. 건조한 바람이 뺨을 스치며 낡은 붓 끝처럼 사방으로 갈라졌다. 숨을 크게 들이쉬고 그는 검은 입구로 들어가기 위해 발을 들어 올렸다. 그것은 겹겹이 접힌 꿈이 펼쳐지는 순간처럼 선명했으며 또한 아득했다. *시적이고 몽환적인……*

그날은 수요일이었고, 그날 아침 그는 마지막 편지를 받았다. 발송인은 그의 옛 동료인 듯했다. 하지만 동료의 얼굴은 기억이 나지 않았다. 그와 함께 일하던 수십 명의 사람 중 하나일 것이다. 푸석한 머리에 울퉁불퉁한 몸매를 가진 동료는 빌딩 지하실의 먼지로 인해 자주 기침을 하고, 주름진 이마와 쉰 목소리를 가지고 있을 것이다. 어쩌면 익명의 발송인은 그의 옆방에 살았던 실패한 시나리오작가였을지도 모른다. 거듭된 실패와 영양실조 속에서 최후의 비명을 종이 위에 쏟아내었을지도.

일을 마치고 집으로 돌아오는 첫번째 계단을 밟았을 때 낯선 사내들이 웅성거리며 그를 막아섰다. 그들은 냉정하고 사무적인 몸짓으로 일을 처리하고 있었다. 먼저 그가 그녀의 옆방에 거주하고 있는지를 물었다. 그는 망설이면서 대답을 했지만, 사내들은 그의 대답에는 그다지 신경을 쓰지 않는 것처럼 보였다. 다시 그녀를 마지막으로 본 것이 언제였는지, 그녀의 행동에 뭔가 이상한 점이 있었는지 거듭 묻고는 그의 대답을 무성의하게 노트에 적었다. 마스크를 쓴 남자들이 하얀 천이 덮인 들것을 아래층으로 옮기고 있었다.

당신은 꿈속에서 나를 보았나요? 당신이 내 뺨에 길게 난 상처를 보지 못했다고 해도, 당신이 나의 낡은 옷에 깊게 밴 악취와 슬픔을 보지 못했다고 해도 저는 당신이 친절한 분이라는 걸 알아요. 당신에게 남은 것이 허기진 슬픔뿐일지라도 당신이 기꺼이 그것을 내게 내어 줄 거라는 걸 알아요. 그러니 이웃이여, 당신은 저에게 약간의 음식을 나눠 줄 수 있나요? 저는 아주 배가 고파요……

경찰이 보여준 공책에는 파란 볼펜으로 이렇게 씌어져 있었다. 그녀가 당신이라고 부른 사람이 그를 지칭하는지는 알 수 없는 일이었다. 그녀의 편지는 공모전에 응모하기 위해 씌어진 시나리오의 일부일지도 모를 일이다. 권태롭게 하품을 하는 경찰을 바라보며 그는 천천히 고개를 젓고 자신의 방으로 돌아와 방문을 잠갔다.

검은 가방을 들고 익숙한 꿈속으로 걸어가며 그는 그녀의 공책이 허름한 옷가지와 함께 불태워질 것이라고 생각했다. 그녀의 공책에 적혀 있던 꿈의 시나리오는…… 질주하는 악몽의 열차 속에서 그는 마지막 편지를 읽었다.

나의 친구여, 당신은 오늘 해고되었습니다. 앙상한 등에 걸쳐진 누더기 외투와 같았던 삶으로부터 말입니다. 이웃 여자가 사라진 방처럼 이제 당신은 텅 비었습니다. 시퍼런 불면과 검은 악몽을 견디며 당신이 쓰고자 했던

글들은 당신의 내부에 갇혔습니다. 당신은 수치와 공포를 갉아먹으며 지독한 냄새를 풍기는 당신의 말들과 영원히 함께해야 할 것입니다……

  편지를 식탁 위에 올려놓고 그는 간단한 아침을 먹었다. 평소대로 된장을 엷게 푼 배춧국과 현미로 지은 밥을 꼭꼭 씹어 먹었다. 그리고 화장실로 가서 천천히 이를 닦았다. 거울에 튄 물방울을 꼼꼼히 닦아낸 후에 젖은 수건을 세탁 바구니에 넣고, 잘 건조된 흰 타월을 걸어놓았다. 검은 가방에서 꺼낸 검은 정장을 입고 검은 가죽 벨트를 맸다. 그리고 정돈된 실내를 둘러본 후에 마지막으로 스위치를 내렸다.

올페, 실패한 시인

 애초에 이 글은 '시를 쓰는 순간'에 대한 것이어야 했다. 친절한 편집자는 내게 말했다. 당신은 시인이니 뭔가 할 얘기가 있지 않나요? 네루다처럼 시가 다가온 빛나는 저녁이 있었겠지요. 그 푸른 회오리의 순간이나 폐병쟁이 시인의 가슴에 붉은 꽃이 피어나는 순간, 뱃사람들이 잡은 흉측한 새를 천공의 신으로 바꾸어놓았던 그런 순간들 말이에요. 하다못해 시인의 입에서 튀어나온 누런 침방울이라도. 황홀함과 자의식으로 가득 찬 그 순간이 우린 궁금하답니다. 그는 다시 한번 힘주어 말했다. 따뜻하고 예의 바른 격려의 말을 덧붙이는 걸 잊지 않았다.

 그래, 나는 시인인데, 아니 오래전에 시인이었던 적이 있었던 것 같으니 '그 순간'에 대해서 뭔가를 쓸 수는 있겠지.

 나는 종이를 펼쳤다. 처음은 내가 만난 유령에 대한 이야기였다. 종일 책으로 가득한 서재에서 뒹구는 지루한 유령에 대한 이야기. 그것은 방 안에 갇힌 아이에 관한 이야기가 되었다. 손가락을 빨다가 영(零)이 되는 아이의 이야기는 불면과 공황장애를 거쳐 깨달음을 얻은 친우들에 대한 이야기가 되었다가, 늙은 부모에 관한 이야기를 지나서 결국은 백지 위로 되돌아오게 되었다. 다정한 나의 친우들은 거인처럼 나를 내려다보며 말했다. 너를 들여다봐. 자신을 보는 방식을 바꿔야 해. 늙은 부모는 애처롭게 나를 쳐다보며, 얘야, 너도 곧 냄새나는 늙은이가 될 거다. 나는 귀를 막는다.

눈을 뜨니 나는 백지 위를 기어가는 좀벌레가 되어 있었다. 글을 쓸 수 없으니, 백지를 먹어치우자. 게걸스러운 입술이 되자. 커다란 위장을 가진 배고픔이 되자. 그러나 백지 위에는 흰 눈이 계속 내렸고 설원은 점점 광활해졌으며, 나의 이빨은 이제 힘이 없어서 종이의 한 귀퉁이도 갉아 먹을 수 없었다. 안 되겠어.

종이를 구겨 휴지통에 넣은 후 결국은 오래된 창고를 뒤적일 수밖에 없었다. 검은 창고 문을 열자 잿빛 먼지들이 흩어졌다. 창고 구석에 처박아놓은 두꺼운 담요를 들추자, 옛 애인이 말갛게 나를 올려다본다. 푸른 눈동자 흰 이마와 더운 입술, 내 따뜻한 손으로 밤새 어루만지던. 그는 오래전 어두운 골목에서 나의 뺨을 후려치고 떠났었다. 활활 타오르던 상처는 어느새 사라지고 쭈글쭈글 주름만 남은 홀쭉한 나의 뺨. 아, 이제 당신은 검은 안경을 낀 노인이 되었군요. 나는 노인이 된 애인을 붉은 딱지가 붙은 궤짝 위에 올려놓은 채 창고의 구석을 뒤적인다. 빚 받으러 온 사람처럼 당당하고 뻔뻔스럽고 분주하게. 시인이란 원래 뻔뻔한 족속이니까.

오래전에 쓰레기장에 내다 버린 것들이 여기에 있다니. 구석에 퀴퀴한 냄새가 나는 종이가 떨어져 있다. 종이를 들추자 숨어 있던 검은 벌레들이 사방으로 흩어진다. 재빨리 신발짝으로 후려쳤으나 놈들은 순식간에 행간 속으로 사라져버렸다. 종이엔 눅눅하고 푸른 볼펜 자국이 얼룩처럼 남아 있고, 망각의 벌레가 미처 뜯어 먹지 못한 단어가 몇 개 흩어져 있을 뿐. 수치와 반성과 풀꽃, 혁명과 밤의 오리 떼들…… 그리고 금지된 좌파 시인…… 몇 개의 누추한 단어를 모아서 더듬더듬 문장을 만들어본다.

어떤 원숭이에 대한 이야기. 그래, 나는 도시의 원숭이에 대해서 쓴 적이 있었지. 원숭이들은 단식을 하고 광대처럼 춤을 추고 나를 할퀴었는데. 나는 갑자기 꺽꺽 목이 쉬고, 손이 떨리고, 오줌을 지리기 시작한다. 오, 이런, 내가 원숭이가 된 것인가. 손에는 붉은 털이 수북하고 손톱은 길고 뾰족하고 미간에 세 겹의 주름이 잡힌 불만투성이 원숭이. 두려움에 가득 차서 나는 창고의 문을 쾅 닫는다. 그래, 오래된 창고의 문을 열어보는 게 아니었어.

지상으로 올라가는 계단은 길고 멀다. 입이 마르고 헐벗은 노파처럼 다리가 후들거린다. 술 취한 돼지처럼 힘겹게 발을 옮겨놓으며 생각한다. 나의 오랜 친구 올페는 지상으로 올라가서 어찌 되었더라. 사랑하는 이를 잃고 슬픔에 젖은 시인은 결국 질투심 많은 여인들의 손에 갈갈이 찢겨 죽었지. 그의 하프는 오늘 밤에도 검푸른 천공에서 그의 노래를 부르고 있을까. 총총한 별들 사이로 쏟아지는 시(詩)가 내게로? 아, 눈을 들어 보니 두껍고 뻔뻔한 콘크리트 덩어리가 날 비웃고 있다. 쥐 오줌 얼룩진 균열 사이로 퍼렇게 번지는 슬픔의 언어들…… 결국 나는 지상으로 올라가기를 포기한다. 그리하여 어두운 층계참에 주저앉은 채 고백하겠다.

　이봐요, 이 글은 실패했어요. 그건 아주 분명한 사실이고, 그래서 지금 나는 아주 기쁘답니다. 그러니 더 이상 나를 시인이라고 부르지 말아요.

요즘의 이상한 날씨

K가 낯선 전화를 받은 것은 남도의 한 도시를 여행하고 있을 때였다. 평소에 거의 걸려 오는 일이 없던 휴대전화가 울리기 시작했을 때, 여름이 막 시작되려고 하고 있었고, 저녁 해가 바다에 떨어지려 하고 있었고, 무엇보다 K는 비릿하고 미끌거리는 바다 냄새에 약간 취해 있었던 것 같다. 그렇지 않고서야 '시와 노동'에 대한 글을 써달라는 주문을 승낙했을 리가 없지 않은가.

K는 가끔 지면에 시라는 걸 발표하고 그래서 시인이라는 말을 듣기도 하지만, 자신이 시를 쓰는 사람이란 걸 스스로도 낯설어하는 부류의 인간이다. 그러므로 시에 대한 글을 쓴다는 것은 더더욱 생각하기 어려운 일이었다. 게다가 '노동'이라니.

K는 노동자다. 시를 쓰는 일은 노동일까? K의 손가락은 여리고 희다. 프레스 기계가 아니라 컴퓨터의 자판을 두드린다. 시와 노동에 대해서라면 어떤 시인이 생각난다. 사무원이 되는 대신 닭을 키우는 힘들고 고단한 일에

자신의 에너지를 투사했던 시인. 고난과 힘겨움을 스스로 찾아 나섰던 역경(力耕)의 삶은 현실과의 손쉬운 타협을 거절했던 그의 시적 고투와 동일한 궤적을 이루는 것이라고 사람들은 말한다. 하지만 콘크리트 빌딩이 가득 들어찬 도시의 한복판에서 닭을 기를 수는 없는 일이 아닌가.

K는 고민에 빠졌다. 고민은 한 달 동안 계속되었다. 그 사이 무참한 폭우가 쏟아졌고, 자동차와 집 들이 누런 흙탕물에 잠겼고, 그 모든 것과 무관하게 K는 꼬박꼬박 출근을 해야 했다. 해고 노동자들은 크레인 위에서 몸을 던지고, 철거민들은 망루 위로 올라간다. 신문을 접으며 K는 가슴보다 먼저 머리가 아프다. 시인은 백지 위의 노동자인가. 생각을 잠시 접어두고 내일의 노동을 위해 일찍 잠자리에 든다.

지하도 입구 맨홀 속으로 꾸불거리며 흘러드는 검은 빗물을 바라보면서 K는 입술을 깨물었다. 지하철은 K에게도 생활의 순환선이었다. 그가 올라타기 전에 이미 수많은 사람들이 승차해 있었다. 아침마다 K는 안간힘으로 사람들 틈에 몸을 쑤셔 넣고 숨을 몰아쉬었다. 가방은 늘 무거웠고 머리는 더 무거웠다.

지하철이 한강철교를 건널 즈음에 사람들이 우르르 내리고 K는 비로소 한숨을 돌린다. 그때 전동차의 문이 열리고 커다란 가방을 질질 끌며 어떤 사내가 올라탄다. 그는 졸고 있는 승객들의 무릎에 볼펜을 올려놓는다. 그리고 정확하고 절도 있는 동작으로 순식간에 그것을 다시 걷어 간다. 그의 행위는 볼펜을 팔기 위한 것이라기보다는 한 치의 오차도 없는 기예를 과시하는 것처럼 보인다. 승객들의 무릎에 놓인 볼펜을 잡아채는 손끝은 무용수의 움직임처럼 빠르고 정확하다. 볼펜 다발을 쑤셔 넣은 가방을 들고 그는 미련 없이 다음 칸으로 이동한다.

 곧이어 사악한 세상에 천국을 가져다줄 전도사가 올라탄다. 창백한 사내는 쉰 목소리로 쩌렁쩌렁하게 메시아의 도래를 외친다. 중년의 여자가 고개를 떨구고 졸다가 눈을 뜨고 그를 쳐다본다. 그리고는 다시 무거운 고개를 숙인다. 그녀의 잠은 밀도가 희박하다. 작은 소음에도 깜짝 놀라 눈을 떴다가 잠 속으로 빠져들기를 반복한다. 푸석한 머리칼과 기미 낀 얼굴, 검붉은 입술이 벌어지고 끈적한 침이 흐른다. 떨어진 침방울이 블라우스 앞섶을 검게 적신다. 그녀는 어떤 천국을 꿈꾸고 있는 것일까.

 하모니카 소리와 함께 검은 안경을 쓴 사내가 등장한다. 그의 손에는 빨간색 플라스틱 바구니가 들려 있고, 목에 걸린 검은 가방 속 녹음기에선 찬송가가 하염없이 흘러나오고 있다. 열차의 사람들은 눈을 감은 채 각자의 잠 속으로 도망치고, 어떤 소심한 손들이 주머니 속에서 동전을 만지작거리고 있다.

 사실 K는 그 사내를 본 적이 있다. 추운 겨울의 어느 새벽, K는 동트기 전에 길을 나선 참이었다. 어두운 지하도 입구에 그들이 서 있었다. 약간 통통한 사내는 은색 지팡이를 들고 있다. 둘은 잠시 이야기를 나누더니 아내인 듯한 여자가 남자의 두꺼운 외투를 벗겨서 손에 들고 어둠 속으로 사라졌다. 시린 새벽 공기 속에서 얇은 스웨터만 입은 사내의 몸이 떨린다. 그는 곧 은색 지팡이를 두들기며 지하도 계단을 내려가기 시작했다. 톡톡톡 운명의 점자를 읽어나가듯 체념과 절망과 희망이 뒤섞인 리듬이 적막한 지하도에 울려 퍼졌다. 남자의 노동은 이렇게 시작되었다.

오늘 도시의 청소부들은 파업 중이다. 그들은 빗자루와 대걸레를 놓고, 주황색 조끼를 입고 파업을 하였다. 회색 먼지가 뭉쳐서 복도를 돌아다니고, 중앙 도로에는 축제의 다음 날처럼 종이와 쓰레기 들이 함부로 흩어져 있었다. 갑자기 넘쳐나는 쓰레기와 오물이 그들의 존재를 증언하기 시작한다. 그들은 사람들이 잠든 새벽이나 한밤중에 슬그머니 나타나 하루 치의 쓰레기를 치웠다. 그들이 어쩌다 대낮의 거리에 나타나 비질을 한다고 해도, 아무도 그들의 존재를 인지하지 못할 것이다. 유령처럼 콘크리트 건물의 내부에 스며 있다가 텅 빈 도로에 나타나는 어스름한 존재들. 이 허구적 존재들의 실존은 거리에 넘치고 쌓이는 쓰레기들을 통해서 비로소 알려지는 것이다.

쓰레기가 넘칠 듯 쌓인 도시에서 사람들은 당황한다. 나쁜 냄새가 거리를 자욱하게 메우고, 죽은 쥐의 사체가 공원에 버려진다. 문을 꽁꽁 걸어 잠가도, 침대 속에 머리를 파묻어도 넘쳐나는 쓰레기들로부터 도망칠 수 없다. 시민들의 인내심은 길지 않다. 오오, 누가 이걸 좀 치워줘요. 선량한 시민들이 소리친다. 1층에서도 13층에서도 신경질적인 비명이 터져 나온다. 파업은 길지 않다. 청결한 시민들이 그들을 다시 콘크리트 속으로 밀어 넣는다. 자, 더 이상 내 꿈속에 나타나지 말아요, 쾅 문을 닫는다. 며칠 뒤 엘리베이터 앞에서 만난 청소부들은 씩씩하게 대걸레를 들고 있다. 노동이란 이런 것이라는 듯이.

새점을 치는 노인을 본 것도, 웅크린 채 잠든 노숙인 사내를 본 것도 지하철이었다. 그리고 나비를 본 것도……그렇다. 나비에 대해서도 말해야 한다. 하지만 K는 그것에 대해서 영원히 말하지 못하리라는 걸 안다.

그 일이 일어난 후 많은 사람들이 제각기 슬픔을 표현했다. 누군가의 죽음을 애도하는 문장이 적힌 노란 종이들이 지하도의 벽을 덮었다. 여리게 흔들리는 그 많은 슬픔들이, 그 많은 문장들이 어디로 가는지 K는 알지 못했다.

K는 오늘도 승강장에 서서 열차를 기다린다. 검은 통로 저편에서 바람이 불어오고 그날처럼 난폭한 빛을 번쩍이며 열차가 달려온다. 사실 K는 그날 지하철을 탔던 수많

은 사람 중의 하나였다. 하지만 거기에서 무슨 일이 일었는지 알지 못했다. 누군가의 비명은 K의 귀에 닿지 않았다. 하지만 K의 얼굴은 창백하게 굳어지고 먼 곳에서 북소리처럼 둥둥 울리는 자신의 숨소리를 듣는다. 철로에 검붉은 얼룩을 남기고 모든 것은 제자리로 돌아간다. 바닥에 떨어진 K의 가방에서 흰 종이들이 쏟아진다. 막차를 놓친 취객이 벤치에 누워서 덜덜 떨다가 바닥에 떨어진 종이를 주워 든다.

> 나는 소년을 보았어. 그 애가 유리문을 통과하려고 애쓰는 것을. 그건 마치 막 날개를 펴려고 애쓰는 나비와 같았지. 하지만 나비라니? 지하도의 매캐한 먼지 속에서 사람들이 매일 그 애를 밟고 지나갔어. 사람들이 지나가면 납작해진 아이는 다시 툭툭 털고 일어났지. 노란 작업복은 그 애의 교복이야. 그 애는 작은 가방에 은빛 숟가락을 넣어 가지고 다녔지. 그건 나비의 자존심 같은 것이라고. 그럴 때 그 애의 얼굴에 휙 지나가는 서늘한 웃음 같은 것. 사실 그건 소년의 할머니가 물려준 것이었지. 나비야, 어린 나비야, 할머니는 소년을 그렇게 불렀을지도. 지하도의 벤치는 꿈을 꾸기 좋은 곳. 그 애가 벤치에 앉아서 신문지 쪼가리를 더듬

더듬 읽을 때, 그 애의 목덜미에 하얀 먼지가 내려앉는 게 보였어. 만약 내게 손이 있다면 그 애의 옷깃을 잡아당겼을 거야. 마지막에 그 애는 비명을 질렀지만, 그건 어떤 음악 소리보다 작았거나 너무 컸지. 너무 작거나 너무 큰 소리가 사람들의 귀를 촛농처럼 꽉 틀어막았어. 아아아, 유리문을 통과한 그 애는 정말 나비가 된 걸까. 검은 파도처럼 통로를 떠밀려 가던 사람들 멍하게 소년이 날아가는 것을 보고 있어.*

K는 어두워지는 공원에서 줄넘기를 하고 있다. 어둠이 천천히 발아래로 가라앉고 가등의 불빛이 공기 속으로 노랗게 번져 나온다. K의 가쁜 숨소리가 안개와 뒤섞인 채 무겁게 가라앉는다. 회전하는 줄에 갇혀 상승과 하강을 반복하는 K. 이 외롭고 집요한 놀이-노동은 영원히 끝나지 않을 것만 같다. 늦게 집으로 돌아가는 아이들이 자전거의 페달을 힘차게 밟는다. 검은 호수에서는 아직 북쪽으로 떠나지 못한 오리들이 깃털 속에 고개를 파묻고 있다.

요즘의 날씨 혹은 시와 노동에 대해서 쓰고 싶었는데 이상한 목소리들이 자꾸 태어난다고, 호흡이 짧고 발음이 불

* 이기성, 「나비」, 『사라진 재의 아이』, 현대문학, 2018.

분명한 그 목소리들을 당신에게 들려주고 싶었다고, K는 부끄러운 듯이 말한다.

연인

K는 버스 정류장에 서 있다. 헐렁한 재킷, 조여 맨 넥타이, 윤이 나게 닦은 구두, 낡은 가방을 들고 회사로 출근하는 직장인의 모습이다. 여느 직장인들과 같이 그는 고개를 숙이고 휴대폰을 내려다보고 있다. 황사 때문에 정류장에는 흙먼지가 쌓이고 사람들은 하나같이 음울하고 신경질적이다. 그들은 밥벌이를 위해 따스한 잠자리에서 일찍 빠져나와야 한다는 사실에 부루퉁해 있는 것처럼 보이고, 도시의 오염된 공기를 마시며 버스를 타기 위해 비틀비틀 달려간다.

이른 아침 정류장을 서성이는 많은 이 중에서 K는 단연 돋보인다. 깊은 눈빛과 날카로운 콧대와 붉은 입술 그리고 부드러운 뺨은 분홍빛을 띠었다. 반듯한 이목구비가 만들어낸 조화로움 속에 무언가 살짝 부족한 것이 있었는데, 그것은 뭐랄까, 일상의 더께가 내려앉지 않은 흰 종이 같은 것이었다. 그런데 이 공백이야말로 이 누추하고 속악한 세계에서 K의 아름다움을 더욱 처연하게 만들어주는 것이었다. 그것은 햇빛에 반짝이는 허공의 첨탑처럼 텅 빈 아름다움이고 투명하고 절대로 훼손되지 않는 맹목의 아름다움이다.

그러나 K는 자신의 아름다움이 무언지 알지 못한다. 이러한 K의 무구함은 사악한 사람들의 놀림감이 되기에 꼭 맞춤했다. 처음에 K의 아름다움에 감탄하던 사람들은 곧 그를 무시하고 때리고 짓밟기 시작했다. 그들은 K의 머리통을 두들기고 코뼈를 부러뜨리고 팔을 꺾었다. K는 피투성이가 되었고 석고붕대를 싸맨 채 절뚝거리며 목발을 짚고 다니기도 했고, 코에 철심을 박아 넣기도 했다.

하지만 모든 핍박과 억압에도 K의 아름다움은 결코 사라지지 않았다. 무엇보다 K는 자신을 때리고 팔을 꺾고 침을 뱉은 사람들에게 미움을 품지 않았다. 그는 세상 사람들이 가하는 그런 종류의 무지한 핍박과 악의에 찬 욕설에 무관심하였다. K는 유리로 만든 그릇처럼 깨어짐의 순간에 초연했다. 이것이야말로 K가 가진 중요한 자질이었다.

나로 말하자면 K의 오랜 연인이다. 나는 K의 식탁 아래서, 그의 가방 속에서, 현관에 벗어놓은 신발 속에서, 벽에 걸어놓은 외투 속에서 K의 모습을 기억하고 그의 냄새를 맡고 그의 일거수일투족을 탐색한다. 그의 목소리와 향기와 형태를 나는 모두 알고 있다. 그의 권태와 하품과 악몽까지 들여다보는 나의 마음엔 아름답게 장식된 유리그릇을 바라보는 것과 같은 설렘과 기대가 가득하다. 나는 잠든 K의 얼굴을 쓰다듬고 그의 입술에 입맞춘다. 그래도 K는 깨어나지 않는다. K는 나의 존재를 영영 모른다.

나는 K가 시인인 것을 안다. 그는 오랫동안 남몰래 시를 썼고, 그의 시가 씌어진 공책은 책상 서랍 맨 아래 칸에 차곡차곡 쌓여 있다. 직장에서나 집에서나 K는 밤낮으로 시를 생각하고 그것을 옮겨 적는다. 세상에서 오직 나만이 읽을 수 있는 시. 말하자면 나는 그의 유일한 독자인 것이다. 선의에 가득한 독자로서 나는 그의 시를 사랑한다. 그것은 세상의 그 무엇과도 바꿀 수 없는 향기롭고 부드러운 맛을 가지고 있다. 딱 한 번 앞니가 부러질 뻔한 적이 있긴 하지만 말이다.

크리스마스 쿠키를 먹듯이 나는 그것을 조금씩 갉아 먹는다. 밤새도록 사각사각…… 검은 글자가 사라진 공책은 처음의 백지로 되돌아간다. 하지만 걱정할 필요는 없다. K는 무한히 쓸 수 있고 나의 배고픔은 영원히 계속될 것이다. 그러니 K와 나는 쓰기-지우기라는 공동의 작업을 수행하는 멋진 한 쌍이 아닌가.

K가 버스를 타고 출근을 하면 빈집에 남은 나는 K가 어젯밤에 쓴 시를 읽을 것이다. 그는 밤늦게까지 불을 밝

히고 종이를 구겨 버렸다. 나는 K의 시를 씹어 삼키며 언어의 성찬을 천천히 음미한다. 실패와 환희와 절망과 슬픔의 해안을 오가는 파란 물결처럼. 어느새 피곤해지면 K의 침대에 누워 그가 오기를 기다린다.

지금쯤 K는 책상 앞에서 구부정하게 구부린 채 일을 하고, 직장 동료들과 허름한 점심을 먹고, 자판기 커피를 한 잔 빼 들고 왕릉이 있다는 공원을 산책하고 다시 오후의 업무를 시작할 것이다. 세 번쯤 하품을 하고 서류에 집중하기 위해서 눈을 비빌 것이다. 상급자의 호통을 들으며 창밖으로 날아가는 작은 새들을 바라볼 것이다. 돌아오는 버스 안에서 그는 어젯밤에 쓴 시를 떠올리다 침을 흘리며 옅은 잠에 빠질 것이다.

어느새 저녁이 되었다. K가 문을 열고 들어온다. 나는 침대 아래서 숨을 죽인다. 그는 수십 년 동안 입은 낡은 양복을 옷걸이에 걸어놓고 침대에 몸을 던지고 미동도 하지 않는다. 잠든 것이 아닌가 싶을 때 그의 어깨가 조금씩 흔들리더니 결국 K는 울기 시작한다. 거대한 절망과 슬픔이 홍수처럼 K를 휩쓸어 간다. 우리는 물결에 떠밀려가면 서로를 향해 손을 내밀지만 검은 파도가 밀려오고 영영 헤어지게 된다.

그러나 나는 알고 있다. K가 눈물을 훔친 뒤 다시 촛불을 켜고 책상에 앉으리라는 걸. 나는 기다리기로 한다. 그의 손이 광활한 백지 위를 달리며 수많은 언어로 지어내는 새로운 풍경을. 시간의 성채가 무너지고 폐허가 된 그곳에서 작은 풀들이 다시 자라고 풀들의 언어가 시작되는 것을. 눈먼 시인처럼 K는 그것을 바라보고 나는 놀라운 식욕으로 그것을 남김없이 먹어치우리라.

 문득 K가 쓰기를 멈춘다. 그리고는 의혹과 경이에 찬 눈길로 그의 책상 위를 질주하는 작고 못생긴 벌레를 물끄러미 바라본다.

 어느 날 K가 책상 서랍을 열고 자신의 시가 몽땅 사라진 걸 알게 된다면 어떤 표정을 지을까, 상상하는 일은 즐겁다. K는 조금 놀라겠지만 개의치 않을 것이다. 그는 미간을 찌푸리고 책상에 앉아서 다시 무언가를 쓸 것이다. 그는 그렇게 태어난 것이다. 그는 이야기를 만들고 이야기에 배반당하면서 이야기 속으로 들어간다. 그러니 어느 날 그가 검은 글자가 되어서 시 속으로 들어간다고 해도 하나도 놀랍지 않을 터이다. 그가 나의 입속에서 침과 함께 뒤섞여서 끈적한 액체가 된다고 해도 말이다. 그러면 우리는 정말로 하나가 될 것이고 무한한 하나가 될 것이다.

 어느 날 장안의 폐병쟁이 시인이 낡은 공책을 펼쳐 들고 검은 얼룩을 더듬더듬 읽기 시작한다면 그것은 누구의 시일까. 하지만 어떠하랴. 무명 시인의 숨결이 더해지고 늙은 벌레의 끈적한 침이 덧칠된다 해도, 나의 사랑 K의 시 쓰기가 영영 계속될 수 있다면……

멸종

 공터에 모여 있는 것은 조무래기 아이들뿐이었다. 어른들은 고개를 숙이고 군인들이 서 있는 관청의 입구를 빠르게 지나쳤다. 게시판에 나붙은 '포고령'은 비에 젖어 얼룩이 지고 바람에 너덜거렸다. 빳빳한 군복을 입은 사내들이 하품하며 지나가는 거지 노파를 구경하거나 개미를 군홧발로 짓이기며 해가 지기만을 기다리고 있었다.
 ― 이 새가 왜 멸종했는지 아니?
 가장자리가 해진 빛바랜 카드에는 검은 펜으로 새라고 생각되는 것이 그려져 있었다. 동그랗고 커다란 배와 뭉툭한 부리와 짧은 다리. 새는 내 앞에 있는 사내를 닮았다. 사내는 알록달록한 모자를 쓰고, 햇빛을 받으면 황금색으로 빛나는 스팽글이 달린 재킷을 입었다. 파란 줄무늬 셔츠와 멜빵바지는 무릎 위를 덮는 정도로 짧았으며 발목까지 올라오는 낡은 부츠 위로 앙상한 장작 같은 다리가 드러나 있었다. 동네 사람 중 누구도 그런 옷을 입은 사람은 없었다. 무엇보다 그 우렁찬 목소리가 울려 나오는 둥그렇고 커다랗게 부푼 배라니!

게다가 그는 벌써 서른 살을 넘었다는데, 키는 일곱 살인 나보다 겨우 한 뼘 정도밖에 크지 않았다. 나보다 한 뼘밖에 크지 않은 그를 한참 올려다보았던 것은 내가 아직 '멸종'이란 말의 의미를 알지 못했기 때문이었다.

그해 봄 나는 서너 달에 한 번쯤 우리 마을에 들르는 흥행사에게 홀딱 빠져 있었다. 그를 너무 사랑했기에 날마다 동구 밖에 나가서 그를 기다렸다. 그는 나에게 마분지로 된 카드에 원색으로 그려진 동물 그림을 보여주었다. 회색곰과 키다리 기린과 뚱보 펭귄과…… 그가 보여주는 카드 중에서 특히 나를 매료시킨 것은 도도새의 그림이었다. 커다란 몸집과 퇴화된 날개 때문에 지상에서 무거운 몸뚱이를 끙끙거리며 끌고 다니다가 마침내 사라져버린 새.

낯선 이방인들이 도도새가 살던 작은 섬에 도착했을 때, 그 새들은 멀뚱하게 이방인들을 쳐다보고만 있었다. 그들이 잔혹하게 새들을 죽이고 본국으로 포획해가기 시작했을 때도 새들은 '도도'라는 이름 그대로 바보처럼 쳐다보고만 있었던 것이다. 그 이야기는 모두 흥행사가 그의 제자인 나에게 말해준 것이었다.

—도도라는 이름은 '바보, 멍청이'라는 뜻이란다. 얘야, 너도 멀뚱히 낯선 자들을 쳐다보기만 할 테냐?

나는 대답하지 않았다.

벽마다 붙여진 얼룩진 누런 종이가 포고령이라는 걸 알려준 것도 그 사내였다. 나는 일곱 살이었지만, 먼 도시에 들려오는 끔찍한 이야기들은 내 귓속에도 들려왔다. 만삭의 여인과 열다섯 살짜리 아이도 있었다고 하더군. 도청의 지하가 순식간에 피의 아수라장이 되었대. 붉은 벽돌집으로 끌려간 사람들은…… 그러나 그런 이야기들은 바람처럼 나의 귀를 스쳐 먼 곳으로 날아갔다. 커다란 몸에 작은 날개를 가진 그 새를 더는 볼 수 없다니, 나는 커다란 슬픔 때문에 눈물이 날 지경이었다.

 막 일곱 살이 된 나는 꽤나 똑똑한 아이였기 때문에 그 이야기의 교훈이 무엇인지 알 수 있었다. 그래서 가끔 나의 스승인 홍행사의 알록달록한 수레를 향해 달려오는 제복을 입은 경찰을 보면 낯선 이방인들이 나타나기라도 한 듯이 소리를 질렀다. 그리고 홍행사가 이런 때를 대비해서 내 손에 쥐여 준 꽹과리를 두들겨대는 것이었다.

 그사이에 빨간 조끼를 입은 원숭이와 함께 입에서 불을 쏟아내는 마술 쇼를 보여주던 홍행사는 뒤뚱거리며 수레를 끌고 도망치기 시작했다. 경관들은 나의 울부짖음에 놀라서 그를 더 쫓아가지 못하고 구경꾼들에 둘러싸여 머쓱하게 돌아가곤 했다.

 어쨌든 마을의 공터가 불온한 광대들을 위한 것이 아니라는 게 경찰들의 말이었지만, 홍행사를 좋아한 것은 나뿐만이 아니었기 때문에 마을 사람들 모두 경관을 흘겨보거나 쯧쯧 혀를 차곤 했다. 아직 마을의 공터에 살랑거리는 바람이 불고, 햇볕에 벽돌이 따뜻하게 말라가던 시절의 얘기다.

저물녘이 되면 흥행사는 좌판을 거두고 바닥에 놓인 푸른 모자 속에서 반짝이는 동전들을 꺼내어 꼼꼼히 세어본 뒤, 검은 벨벳 정장에 달린 호주머니에 넣었다. 그리고 포장을 내린 수레에 기대어 느긋하게 담배를 빨아대는 것이다.

그의 수레에 실린 오래된 축음기에서 가느다란 목소리의 여가수가 노래를 하고 있었다. '연분홍 *치마가……*' 아득한 봄바람 같은 그 노래를 나는 금세 외워버렸다. 그는 나에게 이별의 선물로 동그란 막대사탕을 하나 건네주고 어둠이 내리는 공터를 가로질러 떠나갔다. 나는 진한 생강 맛이 나는 사탕을 오래 빨아 먹으며 빨리 한 주가 지나고 그가 돌아오기를 기다렸다.

새벽의 총소리. 흔적 없이 사라진 사람들. 어린 신부의 울음. 포고령을 위반한 어릿광대의 죽음. 분분한 꽃잎 사이로 숨죽인 이야기들이 흉흉하게 흘러 다니던 그해 5월이 지나고, 쌉쌀한 공기가 코끝을 시리게 하는 겨울이 시작될 무렵 나는 흥행사와 결별하기로 한다. 몸의 어딘가에서 비쭉 솟아난 터럭을 발견한 어느 차가운 아침, 시멘트 마당에 떨어진 하얀 종이를 줍는다. 그것은 흥행사가 보내는 이별의 신호였을까.

그는 더운 여름날 한적한 나무 그늘에서 아코디언을 켜다가 고요히 눈을 감았을지도 모른다. 아니면 어느 겨울 눈 덮인 벌판에서 수레를 끌고 가다가 지쳐서 얼어 죽었을 것이다. 돌처럼 차가워진 그의 얼굴을 늙고 초라한 원숭이 한 마리가 하염없이 핥고 있었을 것이다. 어느 사이엔가 나는 '멸종'이란 말의 의미를 알고 있었던 것 같기도 하다.

그리고 붉은 집에 갇혀 있던 아버지가 유령처럼 돌아온다,라고

나는 흰 종이에 쓴다.

나의 동물원

늙은 코끼리

도시의 사람들은 그곳을 '시민들의 동물원'이라고 불렀다. 누가 그렇게 부르기 시작했는지 알 수 없으나 스스로를 '시민'이라는 부르는 그들의 목소리에는 도시에 소속된 자의 자존심과 은밀한 배타성 그리고 속물적 교양을 은폐하려 할수록 더욱 빳빳해지는 자부심이 배어 나왔다. 도시의 청결한 삶을 훼손하는 것은 그 무엇이라도 용서하지 않겠다는 듯 그들은 엄격한 얼굴로 도시에 들어오는 이들을 감시했다.

도시는 원인을 설명할 수 없는 질병을 가진 사람 혹은 장애를 가진 사람 그리고 무엇보다 불온한 사상을 가진 사람의 출입이 금지된 곳이었다. 이 청결한 도시에 동물원을 만든 것은 동물을 완벽하게 통제할 수 있다는 시민들의 자신감에서 비롯되었다고 할 수 있다. 그들은 외국인의 출입을 금지하는 대신 낯설고 이상한 동물들을 애호하였던 것이다.

어느 해 겨울 도시에 전염병이 번지기 시작했다. 누군가는 도시를 방문한 이방인들 때문이라고, 오염된 자들을 추방해야 한다고 외쳤다. 얼굴색이 다른 이방인들은 한낮에 길에 나서지 못하게 되었다. 아이들이 돌멩이를 들고 그들을 따라다니며 괴롭혔다. 어떤 학자는 텔레비전에 나와 이 모든 것이 철새 때문이라고 말했다. 초겨울 북쪽에서 떼 지어 날아오는 검은 새의 무리들은 잠시 이 도시에 머물다 더 따뜻한 남쪽을 찾아 내려가곤 했다. 새들은 시청의 공무원들에게 골칫거리였다. 여기저기 배설물을 흘리고, 심지어 광장에 세워진 위대한 지도자의 동상 머리 꼭대기에 올라앉아 거만하게 도시를 굽어보기까지 했다. 계절이 바뀌는 것을 따라 움직이는 그들을 막을 수 있는 방법은 없었다. 그저 바이러스가 좀더 퍼지지 않게 하는 것이 유일한 대안이었다.

하얀 방제복을 입은 군인들이 동물들을 땅에 파묻기 시작했다. 수많은 동물의 사체가 땅속에 묻혔다. 누런 자루에서 꿈틀거리는 것들이 차례로 구덩이에 던져졌다. 파묻힌 것은 정말 철새나 동물 들의 사체뿐이었을까.

봄이 되자 도시의 블록 밑에서 검은 핏물이 배어 나오기 시작했다. 사람들은 죽음의 봄이 왔다고 은밀하게 수군거렸다. 아파트의 현관문을 꼭 닫고서 벌벌 떨며 이불을 뒤집어썼다. 재앙은 동물원에도 닥쳐 왔다. 동물원의 거주자들도 군복을 입은 방역원들에 의해 밖으로 끌려 나가기 시작했다. 건강한 동물들도 시민들에게 위협적인 존재들이라는 이유로 사라졌다. 마침내 텅 빈 우리 속에는 동물의 털과 빠진 이빨들, 말라붙은 건초 더미와 배설물들만이 남았다.

대청소의 시대라 불린 그 기간 동안 코끼리가 어떻게 살아남았는지는 알 수 없다. 사육사들이 군인들로부터 코끼리를 보호하려고 했어도 그 커다란 덩치를 숨기기란 쉽지 않은 일이었을 것이다. 어쨌거나 늙은 코끼리 호퍼는 살아남았다. 사육사와 호퍼가 동물원으로 돌아왔을 때, 그곳엔 무성한 잡초들이 자라고 텅 빈 우리의 녹슨 창살 너머로 풀냄새만 흘러나오고 있었다.

마지막 10여 년 동안 그들은 폐쇄된 동물원에서 함께 살았다. 그들은 무너져가는 동물원을 천천히 걸어 다니기도 했고, 무너진 담장을 손질하기도 했다. 호퍼는 기다란 코로 담장의 보수에 쓸 나무를 운반하기도 했고, 개어놓은 진흙을 코로 빨아들여 내뿜기도 했다. 그러나 숨을 헐떡이며 힘겨워하는 것이 역력했다.

시간은 천천히 흘렀다. 시민들이나 시의 관리들이 더 이상 동물원에 대해서는 관심을 갖지 않았으므로, 그들은 어둠과 망각 속에 묻힌 채 도시의 마지막 은둔자로서 조용한 시절을 살았다. 어둡고 긴 터널 속에서 천천히 자라난 시간의 어금니가 호퍼의 옆구리를 찌를 때까지.

솜사탕

동물원에 가려면 지하철을 타야 했다. 평일 오전의 지하철은 한가했다. 몇 명의 노인과 중년의 여자와 외출을 나온 듯한 아기가 신기한 듯 실내를 두리번거리고 있었다. 그는 천천히 출구를 빠져나왔다. 강한 햇빛이 주름 가득한 이마 위로 흘러내렸다. 그는 동물원 방향으로 발을 옮겼다.

누가 뭐래도 동물원의 전성기는 1970년대였다. 그 시절 동물원의 입구에는 솜사탕을 만드는 노인이 있었다. 하얀 설탕이 눈처럼 흩뿌려지며 기계 속으로 빨려 들어갔다. 둥그런 양철통에서 하얀 실이 생겨나기 시작하면 노인은 나무젓가락에 부풀어 오르는 실을 둘둘 말았다. 몇 번 손을 휘젓자 솜뭉치처럼 부풀어 오른 솜사탕이 만들어졌다. 둥그런 솜사탕을 들고 동물원으로 줄지어 들어가는 아이들.

그는 이 모든 것을 아득한 꿈속의 풍경처럼 기억했다. 그 시절 그의 부모는 그를 사랑했던 것 같다. 부모의 손목을 잡고 동물원에 소풍을 나온 적도 있었으니까. 소풍의 기억은 늘 똑같았다. 사람들은 모두 비슷한 얼굴과 체격과 옷을 가지고 있었다. 그만그만한 수입과 지출의 명세서, 비슷한 지갑의 두께, 유사한 모양의 자동차와 비슷한 취향의 아이스크림과 도시락의 메뉴들.

그의 가족도—이제 막 일곱 살을 넘긴, 그와 세 살 터울의 어린 여동생을 포함한—연둣빛이 조금씩 짙어가는 나무 아래 돗자리를 폈다. 오랜만에 엷은 화장을 하고 흰 블라우스에 머리를 맵시 있게 올린 어머니의 목에는 엷은 주름이 잡히기 시작했었다. 주말용 티셔츠를 입은 아버지는 아직 젊었고, 팔뚝과 허벅지에 탱탱한 근육을 가지고 있었다. 그럼에도 불구하고 부모의 얼굴에는 그림자처럼 엷은 어둠이 스며 있었다.

오래 뒤에 낡은 필름 속에서 그는 자신의 나이보다 젊었던 부모의 얼굴을 보았다. 슬픔과 기쁨이 모두 휘발된 흐릿한 얼굴. 이제 그는 부모의 나이를 지나왔다. 그의 얼굴은 부모들의 마지막 얼굴보다 훨씬 늙어 보였고 머리엔 흰 머리칼이 자라기 시작했다.

그의 부모는 선천적인 맹인이었고, 어린 그의 눈 역시 어둠 속에 잠겨갈 것이었다. 하지만 그는 자신의 삶에 닥쳐올 운명을 알지 못했다. 환한 동물원의 풍경 속에 스며 있는 서늘한 냉기를 알지 못했듯이. 열일곱 살이 되었을 때 운명이 불현듯 그의 목덜미를 잡아챘다. 유전적 질환이라고 의사는 건조하게 말했다. 그의 삶은 거기서 멈추었다. 그리고…… 그는 자신에게 닥쳐올 어둠을 맞이하기 위해서 두 손을 천천히 벌렸다.

그는 솜사탕 기계 앞에 선 채 귀를 기울였다. 사각사각 사탕이 녹아 흐르는 소리. 솜사탕의 피곤한 단맛이 황홀하게 아른거렸다. 노인은 어린 시절 그에게 했던 것처럼 커다랗게 부푼 솜사탕을 들려 주었다. 희고 아름다운 솜사탕을 들고 그는 은색 지팡이로 바닥을 톡톡 두드리며 동물원 쪽으로 걷기 시작했다.

법원

동물원 근처에 법원이 있다. 회색 화강암 벽돌로 견고하게 쌓아 올린 법원은 거대한 성을 닮았다. 검은 서류 가방을 들고 정장을 입은 사람들만이 들락거릴 뿐 법원의 문은 언제나 견고하게 닫혀 있었다. 그래서 이 화강암의 성채는 거대한 침묵의 덩어리처럼 보이기도 했다.

법원 건물에서 청소부들이 보이지 않게 된 것은 며칠 전부터이다. 법원 사무실뿐이 아니다. 시청과 관공서 건물, 중앙 도로와 공원 그리고 작은 샛길로 이어진 골목길에서도 그들을 본 사람은 아무도 없었다. 갑자기 피리 부는 사나이라도 나타나서 그들을 끌어모아 강물 속으로 사라진 것일까. 어쨌든 순식간에, 일제히 그들은 사라져버렸다. 구정물이 뚝뚝 흐르는 대걸레를 들고 기침을 쿨룩대던 늙은 청소부도 뚱뚱한 몸을 하마처럼 흔들던 로비의 청소부도 다 함께 없어져버렸다.

그들이 사라지자 건물의 복도마다 악취가 넘치기 시작했다. 쓰레기통이 넘치고 변기에 오물이 넘쳐흘렀다. 사라진 그들은 텔레비전 화면 속에 모여 있었다. 머리에 붉은 띠를 두르고 헐렁한 팔들을 위로 치켜들었다. 앙상한 손목이 드러난 헐렁한 작업복 소매가 펄럭거렸다. 그들은 평등하게 야위었고 눈동자의 초점이 없었고 윤기 없는 회색의 머리카락을 가지고 있었기 때문에 서로 구별이 되지 않았다. 그저 조금 늙었거나 조금 더 젊었거나 뚱뚱하거나 홀쭉한 법원의 청소부들.

그리고 아이들이 있다. 법원과 동물원 주변을 둘러싸고 파리 떼처럼 앵앵거리는 아이들은 관광객처럼 보이는 사람들이 나타나면 금세 주위로 몰려들었다. 질 나쁜 천으로 만든 스카프나 동물원 투숙객들의 사진을 박아 만든 조악한 엽서 꾸러미를 손에 들고 있었다. 아이들은 처량한 눈빛으로 서글픈 목소리를 낼 줄 알았다. 그들은 특히 외국인들처럼 보이는 사람들을 선호하였다. 맨발에 앙상한 다리를 드러낸 어린아이들이 다가오면 그들은 처음엔 호기심 어린 눈길을 보내다가 간혹 사진엽서나 우스꽝스러운 장식이 달린 볼펜을 사주기도 한다. 어떤 이들은 아이들이 들고 있는 물건 따위엔 관심이 없는 눈빛으로 애들의 몸을 유심히 살피다가 지갑에서 지폐를 꺼내어 주기도 한다. 한 아이가 재빨리 지폐를 낚아채 달아난 후에도 나머지 아이들은 기대에 가득한 눈빛으로 외국인의 주위를 맴돈다. 손을 들어 내쫓지 않으면 한 조각의 호의를 영원히 기다리고 있을 것처럼, 끈질긴 구애의 눈빛으로.

냉소적인 자들이 기생 인간 혹은 바퀴벌레 인간이라고 부르는 사람들이 있다. 그들은 좁고 냄새나는 골목들이 구불구불 이어진 곳에 살고 있다. 그곳에서 일어나는 방화와 폭력 그리고 살인 등이 일간지 한 귀퉁이에 작은 기사로 실리기도 하지만, 대체로 그들은 시민들의 눈에 띄지 않는다. 그들에게 세계는 동물원이자 법정이다.

원숭이

 촘촘한 시간의 박음질 속에서 무수한 이야기가 시작되고 어떤 이야기는 살아 있는 동물의 냄새를 흘린다. 그리고 누구나 예상할 수 있듯이 그것은 빨간 옷을 입은 원숭이에 대한 이야기이기도 하다.

 카프카는 왜 그에게 피터라는 이름을 붙였을까? 카프카의 약혼녀는 이빨이 튼튼한 여자였다고 한다. 카프카가 그녀와의 약혼을 세 번이나 파기하고 마침내 결별하게 된 것은, 육식성의 이미지를 뿜어내는 그녀의 건강함을 견딜 수 없었기 때문이라고 혹자는 말한다. 그러나 카프카는 원숭이-피터로부터 도망치고 싶었던 것이 아닐까. 그래서 카프카는 교묘한 방식으로 원숭이를 속였다.

 ― 그러니까, 내가 소설에 등장하게 된 건 말이지, 나의 혼잣말을 그가 엿들었기 때문이라고 생각해. 나는 인간이 되고자 했으나 결국은 그렇게 되지 못했지.

피터-원숭이에게 인간은 무엇이었을까. 피터-인간이 된다는 것은, 무한한 우주에 흩뿌려진 별처럼 혼자가 되는 것을 의미했을지도 모른다. 그것은 또한 무한한 우울의 바다를 홀로 유영하는 일이기도 하다. 그의 절친한 친구이자 동료였던 음험한 카프카의 말에 의하면 그랬다는 것이다.

　　나로 말하자면 피터-원숭이가 정말로 인간이 되고 싶어 했다는 걸 믿을 수 없었다. 단지 자신의 육체를 가두고 있는 검은 쇠창살을 망각할 무언가가 필요했던 것이 아닐까.

　　그런 점에서 카프카의 피터보다 우리 도시의 원숭이는 좀더 현명했다. 인간이 되는 방식으로 인간의 사유가 아니라 행동들을 모방하기 시작했던 것이다. 그는 빨간색 벨벳으로 만든 옷을 입고 인간들 앞에서 인간들처럼 춤을 추고, 크리스마스 시즌에는 길거리의 모금 행사에도 참여했다. 사람들은 그에게 환호를 보냈다. 방송국에서 이 기특한 원숭이를 프로그램에 출연시키기도 했다. 그는 순식간에 도시의 유명 인사가 되었다. 문자 그대로 유명인으로 대우받았으며, 정말로 유명한 인간들이 그와 함께 찍은 사진을 그들의 블로그에 올리기도 했다.

　　그는 정말 인간이 된 듯했다. 어느 날 갑자기 난폭해진 그가 자신을 구경하던 어린애의 팔을 물고 사람들에게 광폭한 이빨을 드러낸 채 괴상하게 끽끽거리는 소리를 내며 달려들기 전까지는. 우리 도시의 원숭이는 결국 철창 속에 갇혀서 우울증 약을 복용한다는 소문이다. 그는 우울의 창살에 갇힌 채 평생을 보내게 될 것이었다.

한편 오랜 단식으로 망가진 피터의 육체는 날로 쇠약해지고 있었다. 어느날 쿨룩쿨룩 기침을 하던 피터는 내게 손을 내밀었다. 그것은 여전히 검은 털이 무성한 원숭이의 손이었다.

오랜 시간이 지난 후 마침내 카프카는 인간이 된 피터와 마주치게 된다. 그는 도시의 중앙 역을 가로지르는 육교 위에 있었다. 햇빛이 사정없이 내리쬐는 여름날, 뜨거운 시멘트 바닥에 그는 웅크리고 있었다. 술에 취한 듯 얼굴이 붉게 달아올라 있었다. 기나긴 노숙의 날들 속에서도 그는 아직 카프카를 기다리고 있었다. 이루지 못한 꿈이 쌓아 올린 우정이란 그렇게도 얄팍했으나, 그는 그 사실을 알지 못했다. 빨간 원숭이였던 사내는 육교 위에서 고개를 파묻고 있었다. 어느새 다가온 사악한 카프카가 그에게 속삭였다.

─ 이봐, 친구, 눈을 떠 보시게. 눈이 내리고 있어. 새하얀 먼지 덩이들 같은 게 공중에서 흩날리고 있어.

어느 날 나는 피터라고 불리는 사람을 만나게 된다. 그는 동물원의 호숫가에 앉아서 긴 이야기를 시작했다. 잿빛 허름한 작업복에 검은 벨트를 찬 그는 먼 나라에서 왔다고. 햇빛과 야자수와 하얀 별들이 떠 있는 그의 고향에도 호수가 있다고. 새파란 물에 얼굴을 비춰 보는 여인과 벌거숭이 아이들도. 피터는 노동으로 굳은살이 배긴 손을 내게 보여주었다. 피혁 공장에서 잘려 나간 손가락을 호수에 던졌다고. 이상한 억양으로 더듬거리는 그의 목소리가 잿빛 안개 속으로 젖어들었다. 피처럼 붉은빛 노을과 안개가 뒤섞여 흘러내리고. 어느새 휴일이 끝나가고 있었다.

호수에는 북쪽에서 온 오리들이 날개를 접은 채 돌멩이처럼 떠 있었고, 검은 옷을 입은 뚱뚱한 여자가 철책에 기대서 나지막한 소리로 알 수 없는 노래를 부르고 있었다.

코끼리 사내

어둡고 긴 망각의 날들이 지나고 축제의 날이 왔다. 도시의 사람들이 한껏 멋을 부리고 길거리로 쏟아져 나왔다. 그들은 축제의 꽃이라 불리는 퍼레이드를 구경하려고 했던 것이다. 군악대와 동물 복장을 한 사람들이 행진하는 대열의 맨 앞에 서 있는 것은 코끼리 사내였다.

코끼리 사내는 정말로 거대한 몸집과 코끼리와 유사한 얼굴을 가지고 있었다. 몸은 코끼리의 등처럼 둥글게 휘어지고 얼굴 한가운데 기다란 코가 매달려 있었다. 사내는 하얀 비단옷을 입고 머리에는 반짝이는 중절모를 쓰고 있었다. 그의 주변에서 난쟁이 악대와 금발의 외국 무희들이 춤을 추며 함께 걸어갔다. 끈적하고 노란 땀을 줄줄 흘리는 그의 호흡이 점점 빨라지고 있었다.

초등학교 때 그는 달리기 선수였다. 오후 수업 시간에 그는 혼자 운동장을 달려야 했다. 정오의 햇빛으로 달아오른 운동장은 백색의 광야처럼 보였다. 달릴수록 핏줄이 뜨거워지고 숨이 가빠졌다. 그때부터였을까. 손과 발이 길쭉하게 자라기 시작했고 얼굴의 윤곽도 길게 늘어지기 시작했다.

그의 어머니는 갑자기 몸집이 부풀어 커져버린 아들을 데리고 이곳저곳의 병원을 찾아다녔으나, 의사들은 고개를 저을 뿐이었다. 전염병이 유행하던 시절에 오염된 식수가 원인이었을 거라고 조심스레 말하는 의사도 있었다. 마지막으로 병원 문을 나서면서 그의 어머니는 까맣게 때가 탄 스웨터 앞자락으로 눈물을 훔쳤다. 그는 자신의 존재가 어머니에게 큰 슬픔을 안겨주었다는 사실 때문에 어쩔 줄 모르고 서 있었다. 곧 그의 몸뚱이는 기괴한 형체 속으로 사라지게 될 것이었다. 풍선처럼 팽창하는 육신 속에서 웅크린 채 덜덜 떨고 있는 아이의 고통이 그에게 느껴졌다. 그는 아이를 위해서 그리고 어머니를 위해서 강해져야 한다고 생각했다.

모두의 예상과 달리 그는 코끼리의 몸으로 30여 년을 더 살았다. 그의 방은 도시의 마지막 골목 낡은 건물의 2층에 있었다. 아래층에서 어머니는 작은 식당을 열고 있었다. 점심때면 근처 공사장의 인부들이 몰려와 밥을 먹고 갔다. 왁자지껄한 소리와 함께 그들의 피로한 몸에서 내뿜는 열기와 누추한 땀냄새가 그의 방에도 희미하게 떠돌았다.

옆 동네에 고층 빌딩이 세워지기 시작했다. 파란 유리로 지은 빌딩에서 반사되는 빛은 좁은 창문을 통해 그가 웅크린 방 안을 무자비하게 파고들었다. 공사장은 점점 넓어져 마침내 식당의 코앞까지 다가왔다. 인부들이 어머니의 식당을 망치로 부수기 시작했을 때 사내는 도시의 망루로 올라갔다.

나뭇가지와 폐자재를 엮어서 지은 망루는 겨우 2층 정도의 높이였다. 망루는 고층 건물들 사이에서 곧 무너질 듯 위태롭게 서 있었다. 건너편 빌딩에서 사람들이 망루 위에 동물처럼 웅크린 그들을 무표정하게 내려다보았다.

새벽에 포클레인의 강철 이빨이 허름한 판자를 씹어 삼키며 천천히 다가왔다. 순간 망루 위에 서 있던 그의 몸이 폭발음과 함께 붉은 불꽃에 휩싸였다. 행인들이 놀라 얼어붙은 채 활활 타오르는 망루를 쳐다보고 있었다. 검은 연기와 비명과 눈물과 구타와 욕설이 함께 타오르는 화염. 이상하게도 그것은 뜨겁지 않았다. 그의 심장은 화염

속에서 서늘하게 얼어붙어 있었던 것이다.

 불길은 도시의 욕망과 비밀과 거짓을 삼켜버릴 듯 치솟았고, 사람들의 얼굴은 경악으로 일그러졌다. 화염에 휩싸인 가난한 자들의 망루가 천천히 무너져 내렸다. 그날 도시의 사람들은 붉은 화염 속에서 춤추는 커다란 코끼리를 보았다.

 텔레비전으로 그 광경을 지켜보던 사람들은 두려움에 떨며 스위치를 내렸다. 죽은 자의 비명을 듣지 않기 위해 일찌감치 커튼을 내리고 눈을 감았다. 모든 것을 덮을 듯 폭설이 내렸고 긴 겨울 속으로 들어간 사람들은 망각의 하인이 되었다. 성실한 하인들이 입을 모아서 노래했다.

 우리는 아무것도 몰라요
 우리는 아무것도 보지 못했어요

 오랜 시간이 지나고 봄의 어느 날 동물원 우리에서 늙은 코끼리가 사라졌다. 아무도 코끼리가 거기에 있는 것을 몰랐으므로, 코끼리가 사라진 것 또한 알지 못했다. 코끼리는 천천히 녹슨 철문을 지나서 도시의 대로를 걸어갔다. 사라진 사람들의 이름이 묻힌 땅은 두꺼운 망각의 시멘트로 발라진 채 무의미하게 뻗어 있었다. 코끼리가 걸어갈 때마다 시멘트가 갈라지면서 희미한 울음이 새어 나왔다. 몰려든 도시의 사람들이 시종처럼 고개를 숙이고 그 뒤를 따르며 큰 소리로 송가를 합창한다.

코끼리는 희박한 사물이다
춤추는 시체다
끔찍한 질병이다
무서운 사랑이다

마지막 인터뷰

그해 겨울에도 사람들은 바빴다. 아침마다 모직 코트 깃에 얼굴을 파묻고 출근을 했다. 살얼음으로 덮인 도로에서 차들이 검은 곤충처럼 기어다녔다. 핵발전소에서 누출된 방사능이 비가 되어 내렸다가 강과 바다로 흘러들었다. 그리고 땅의 푸석한 젖가슴으로 스며들어 검은 지하로 흘러갔다. 갓 태어난 아이들은 강보에 싸여 빨간 얼굴로 울어댔다. 춥고 배가 고픈 늙은이들이 도시의 골방에서 죽어가고 있었다. 부모들은 쭈글거리는 늙은 아이들의 손을 꽉 쥐고, 연인들은 헐벗은 혀로 서로의 몸을 핥으며 필사적으로 어둠 속으로 달아났다.

— 코끼리에 대해서라면…… 그래요, 코끼리가 이 도시에 도착한 날을 기억해요. 거대한 합판으로 만든 컨테이

너에 들어 있었죠. 회색의 코끼리, 엄청난 길이의 코와 굵은 발목과 이빨을 가진 코끼리는 고요한 사물처럼 직육면체의 나무 상자 속에 있었어요.

카페에서 만난 여자는 담배 연기를 내뿜으며 말했다. 톤이 낮고 끝이 갈라지는 목소리였다. 투명한 찻잔을 감싸고 있는 손가락은 희고 길쭉했다. 중세풍 그림 속 여자들의 손가락을 연상시키는 인상적인 손이었다. 하얀 실크로 만들어진 여자의 블라우스 소매 끝에서 가느다란 실밥이 풀리고 있었다.

— 도시의 사람들이 힘을 합쳐 우리를 만들었죠. 코끼리가 도착했을 때, 사람들은 퍼레이드를 벌이고 함께 춤을 추었어요. 도시의 모든 아이와 어른이 그날을 기억할 거예요. 왜 아니겠어요? 꽃들이 비처럼 쏟아지고 있었다니까요.

나는 여자의 얼굴을 들여다보았다. 이제 중년의 이미지가 살짝 내려앉기 시작하는 여자는 아직도 아름다웠다. 깊은 눈망울과 살짝 기울어진 콧날과 턱. 그러나 여자의 얼굴은 곧 시간의 검은 벌레들에게 파먹히게 되리라. 그것을 모르는 여자는 천천히 찻잔을 들어 미지근한 차를 한 모금 마시고는 잔을 내려놓았다. 여자의 목을 넘어가는 투명한 물소리가 천장이 높은 하얀 카페의 내부를 울리는 듯했다.

문득 여자가 자리에서 일어섰다. 날씬한 허리에서 분홍 스커트의 주름이 흘러내렸다.

― 저녁엔 축제가 있었답니다. 모두 아름다운 옷을 입고 사랑하는 사람들에게 둘러싸여 있었죠. 누구나 달콤한 사탕처럼 빨아 먹어도 사라지지 않는 추억이 하나쯤은 있는 법이죠. 향기로운 술과 화려한 웃음이 거품처럼 넘치는 시간 말이에요. 그런 날엔 사람들은 우리 속에 있는 코끼리를 잊어버리죠. 그러나 축제는 끝이 나고 음악은 꺼지고 이제 텅 빈 집으로 돌아가야 해요. 어둠으로 가득한 현관에 서서 오랫동안 가방 속의 열쇠를 뒤적거리죠. 그들은 알지 못해요. 망설임 끝에 현관문을 열었을 때, 방 안에 우두커니 서 있는 잿빛 코끼리를 보게 되리라는 걸.

여자의 목소리는 천천히 작아졌다. 마치 오케스트라의 음악이 천천히 공기 중으로 스며들어가듯이. 카메라의 빨간 불빛이 깜빡거리고 있었다.

― 도시의 사람들은 누구나 코끼리를 사랑했어요. 자신들의 꿈속을 성큼성큼 걸어 다니는 코끼리를 상상의 혀로 핥고 또 핥는답니다. 마침내 코끼리가 얇은 종이가 되

어 그들의 텅 빈 스케치북 속으로 들어갈 때까지. 그리고 그들은 책을 덮지요. 책들은 낡은 책꽂이에 꽂히거나 잡동사니를 모아두는 박스에 던져져 먼지에 덮인 채 오랫동안 잊혀지게 되지요. 그러다가 어느 날, 친척의 병문안을 가거나 아버지의 장례식을 치르고 난 후에 그들은 창고 안에서 그것을 발견하게 돼요. 무심코 낡은 공책을 펼쳐 보았을 때, 거기에서 늙고 힘든 코끼리 한 마리가 혼자서 초원 위를 걷고 있는 것을 보게 되는 것이죠.

스스로의 목소리에 취한 듯 중얼거리던 여자가 문득 놀란 듯 입을 다물었다. 여자의 얼굴이 갑자기 쭈글거리며 창백해졌다. 백 살 먹은 노파의 얼굴처럼. 어두워가는 오후의 햇살이 만들어놓은 검은 실루엣. 허연 머리칼과 주름진 피부와 입가에 검고 깊게 팬 주름.

카페의 테라스 앞을 지나가던 도시의 우편배달부는 알고 있었다. 잠시 후 그녀가 자기 앞에 도착한 커다란 상자를 보게 되리라는 걸. 발송인이 불분명한 상자 앞에서 여자는 이마에 주름을 잡으며 불안하게 망설일 것이다. 상자 안에 어린 시절의 행복한 선물이 들어 있기를 기대하면서 한없이 망설이는 시간, 그러나 기필코 그 속의 텅 빈 어둠을 들여다보아야 하는 순간이 반드시 올 것이다.

검은 제복을 입은 우편배달부의 잿빛 머리카락이 골목에 비친 마지막 햇빛을 받아 붉고 화사하게 반짝인다.

나는 조용히 카메라의 렌즈를 접었다.
안녕.

놀이터의 유령*

 그러니까 이것은 내가 아는 한 시인에 대한 이야기이다. 햇빛 좋은 날 나는 그녀와 산책을 하고, 밥을 먹고, 카페에 앉아 차를 마시며 이야기한다. 슬픔 가득한 세계에 대한 울분, 불면의 시간들, 겨울 광장의 촛불들과 끝끝내 채워지지 않던 백지에 대한 이야기들. 그렇다고 내가 그녀를 안다고 할 수 있을까. 나는 그녀가 시클라멘을 키운다는 것, 오다 가즈마사의 노래를 듣는다는 것, 육식보다 채식을 선호한다는 것을 안다. 독일 문학을 공부했고, 괴테에 대한 글을 쓴 적이 있다는 것을 안다. 그렇다고 해서 내가 당신들보다 그녀를 더 잘 안다고 할 수 있을까. 그러므로 이 글은 내가 모르는 한 시인에 대한 이야기이다.

 무릇 시인들이란 무언가를 숨기는 자들이다. 그들은 시

---

* 이 글에서 인용한 시편들은 김경후 시인의 시집들 중 다음 세 권에서 가져온 것이다.『그날 말이 돌아오지 않는다』, 민음사, 2001;『열두 겹의 자정』, 문학동네, 2012;『오르간, 파이프, 선인장』, 창비, 2017.

에서 기괴한 가면을 쓰고 목소리를 바꿔가며 독자들을 기만한다. 그러나 한편으로 시인들은 누설의 욕망에 시달리는 자들이다. 위장된 언어의 이면에 진실이라고 부르는 날카로운 사금파리를 숨겨놓고, 순진한 독자들이 걸려들기를 기다리는 것이다. 아무것도 모른 채 그걸 삼키는 순간, 당신은 이미 돌이킬 수 없는 내상을 입는다. 치유할 수 없는 언어의 병에 깊게 감염되는 것이다. 그러니 시의 언어에 뜨겁게 찔리는 것이 두렵다면 당신은 여기서 책을 덮어야 한다.

그러나 만일 당신이 '시'라는 낯설고 이상한 사물에 중독된 사람이라면, 나와 함께 그녀가 숨겨놓은 '열두 겹의 자정' 속으로 들어가볼 수도 있을 것이다. 그 순간 우리는 '그녀'라는 텍스트 속으로 떠나가는 공모자가 될 것이다. 자, 시작할까?

그녀에 관한 몇 가지 사실. 1998년에 작품 활동을 시작했다는 것. 다섯 권의 시집을 출간했으며 몇 번인가 문학상을 수상하기도 했다는 것. 당신은 묻는다.

— *하지만 이러한 이력이 그녀에 대해 뭘 말해준다는 거죠?*

그렇다면 우리는 그녀를 탐사하기 위해서 조금 더 가야 할지도 모르겠다. 그녀의 시집을 펼치다가 나는 주춤한다. "어릴 때/시인이 되면/사랑한다는 말을 많이 하며 살 수 있을 거라/믿었다." 시집 『열두 겹의 자정』에 씌어진 '시인의 말'의 일부이다. 이토록 순진무구한 사랑 고백이라니! 하지만 나는 그녀의 시집에서 '사랑'이라는 말을 발견하지 못했다는 사실을 떠올린다.

그러자 열렬한 독자인 당신은 이렇게 말한다.

―그녀의 시를 읽어보아요. 그녀의 내부에서 들끓고 있는 게 무언지 알게 될 테니.

나는 그녀와 마주 앉아 차를 마시던 어느 오후를 생각한다. 조용하고 나직한 말투, 방심한 듯 진지한 표정의 그녀. 나는 그녀가 아주 조용한 사람이라고 생각해왔다. 그러자 당신은 나를 비웃는다.

―저 소리가 들리지 않나요? 활활 타오르는 입술, 쩍쩍 갈라지는 혀, 어둠의 깊은 터널에서 요동치는 성대 같은 저것 말이에요. 그녀의 시에서 끓어오르며 소용돌이치는 저것이 사랑이 아니면 무엇이란 말인가요?

아, 그녀의 성대에 대해서라면 나도 할 말이 좀 있다. 당신은 묻는다.

―시인들에게 문제는 혀가 아닌가요? 혀가 잘린 인어공주도 있지만, 북어처럼 딱딱해진 혀를 안타까워한 시인도 있잖아요.

하지만 독자여, 그녀에겐 성대가 있답니다. 그녀의 성대가 얼마나 커다랗게 부푸는지 보실래요?

울음을 참는 자의 성대는 커다랗다
똬리를 틀고 겨울잠 자는 뱀만큼 커다랗다
이대로 커진다면
곧 성대 위에 이오니아식 기둥을
세울 수도 있으리라

—「코르크」부분

 울음을 참기 위해 그 위에 거대한 기둥을 세울 만큼 팽창한 성대. 세상을 향해 분출되지 못하고 내파(內破)하는 울음. 울음을 참을수록 고통은 증폭되고 절망은 심화되고 고독의 농도는 진해진다. 참았던 울음이 마침내 분출되는 순간, 그 폭발력이 더욱 거대할 것임을 알고 있기 때문에, 시집을 한 장씩 넘길 때마다 당신은 숨이 막힐 것이다. 나는 그녀가 시집의 제목으로 '코르크'를 신중하게 고려했다는 사실을 슬쩍 당신에게 알려주겠다. 폭발하려는 울음을 안간힘으로 틀어막고 있는 코르크.

 울음을 참는 행위는 그러니까 깊이 내장된 슬픔을 비등점으로 끌어 올리는 행위라고 나는 말하고 싶다. 울음을 분출함으로써 슬픔에서 놓여나기보다는, 그것을 삼킴으로써 슬픔 속에 거주하기. 부풀어 오른 성대의 크기는 세계의 슬픔을 자기화하려는 열망에 비례하는 것이라고. 그러니 한껏 부풀어 오른 이 울음주머니야말로 시인의 징표라고. 시인이란 영원한 슬픔에 거주하는 자가 아니던가.

─ 아, 단식 광대로군요.

당신은 마침내 이해했다는 듯이 말한다.

─ 광대가 굶기에 몰두하듯 그녀는 성대를 팽창시키는 것 아닌가요?

문청 시절에 카프카에 매혹되었노라고 그녀가 말해준 것은 어느 오후의 산책길에서였을 것이다. 그러나 아무것도 모르는 척 나는 소심하게 항변한다. 카프카는 지나치게 창백했죠. 광대는 그저 굶기의 형식에 몰두했을 뿐이잖아요. 그녀로 말하자면…… 광대의 열정과 달리…… 나는 성대가 발화 기관이 아니라 울음의 기관이라는 사실을 설명하려 애쓴다. 그건 '말'이 아니라 '울음'이라는 건데……

사실 그녀의 첫 시집 『그날 말이 돌아오지 않는다』를 기억하는 독자들에게, 울음을 참는 그녀의 모습은 매우 낯설게 느껴질 것이다. 시집 속 '말'을 잃은 자의 세계는 피와 똥과 고름이 흘러넘치고 있다. 그녀는 자신의 신체를 이러한 날것의 언어들이 분출하는 카니발적 공간으로 내어 준다. 그녀의 몸은 이 발산하는 '언어'들의 통로인 것이다.

> [……] 사람들이 나보고 그랬어, 고무호스랬어 [……]

구름 위로 솟은 굴뚝이 내 입에 물려 있다 지
금은 부글거리는 역청탄이 지나갈 시간 어딘
가 뒤틀려 녹아내리는 냄새 다음은 무엇이 날
뚫고 갈까

—「고무호스」부분

―그러니까 그녀는 '호스'였던 거로군요. 그녀의 목은 부글거리는 역청이 지나가는 거대한 통로예요. 모든 것을 내부로 관통시키는 호스는 세계의 슬픔을 빨아들이는 거대한 관(管). 이 기괴한 몸의 형상은 커다랗게 부풀어 오른 성대와 상동 관계를 갖고 있군요.

나는 당신의 말에 기꺼이 동의한다. 바로 그거예요. 20년 전에 '호스'였던 그녀의 몸이 이제 커다란 관이 되었군요. 저기 봐요. 온몸이 울음 기관이 되어버린 그녀가 있어요. 사막에 서 있는 '오르간파이프선인장' 말이에요.

타버린 절망을 자신의 몸속에 가두고 있는 오르간파이프. 하지만 안타깝게도 텅 빈 관 내부에 잠복한 그 울음을 듣고 싶다면 당신은 기필코 실패할 것이다. 그녀는 결코 울지 않을 것이므로. 터져 나오는 울음을 참기 위에 붉게 달아오른 얼굴, 튀어나올 듯 팽창한 눈동자, 안간힘으로 부풀어 오른 기괴한 성대. 그러다 순식간에 눈코입을 잃고 '호스'가 되어버린 그녀. 그럼에도 기어이, 기어이 울지 않기.

하지만 독자여, 아직도 당신이 그녀의 울음을 듣고 싶다면 다음 시를 읽어보시라.

> 네게 닿지 못한 말들 어둠속으로 사라지는 소리
> [……]
>
> 피가 말이 될 수 없을 때
> 입술은 온몸의 피가 몰린 절벽일 뿐
> 백만겹 주름진 절벽일 뿐
>
> ——「입술」 부분

그녀는 거대한 절벽 저편을 향해 애타게 울부짖고 있다. 하지만 그녀의 말은 건너편에 닿지 못하고, 절망한 말들은 절벽 아래로 떨어져 내린다. 말을 통해서 '너'에게 닿으려는 열망은 이렇게 실패한다. 이 거대한 상실의 순간에 '주름진 입술'에서 터져 나오는 것은 비탄에 찬 울음이 아니다. 소용돌이치는 슬픔의 파장을 끊어내기. "절벽일 뿐"으로 반복되는 미완의 종결이 환기하는 어떤 울음 혹은 침묵.

그것은 우리의 가청권을 넘어선 울음, 세상에서 가장 큰 울음이다. 생사의 갈라짐을 애통해하며 공중에서 메아리쳤던 간절한 초혼의 언어. 죽은 자의 이름을 소리쳐 부르는 소월의 깊고 아득한 절망의 언어를 그녀는 이렇게 침묵의 언어로 다시 쓰고 있는 것이다.

당신이 그녀를 만난 적이 있다면 '울음을 참는 듯한' 그 표정을 기억할 것이다. 혹자는 울음을 참는 그 얼굴(성대)에서 불타는 잿더미 속에 갇힌 채 죽지 못하고 살아 있는 존재의 꿈틀거림을 읽기도 한다. '폼페이벌레'처럼 폐허를 끌어안고 몸부림치는 참혹한 얼굴.

이런 그녀는 어떤가? 검은색 코트의 단추를 끝까지 채운 채 주점에 꼿꼿하게 앉아 있는 그녀. 탁자의 가장자리에 앉아서 취한 자들의 푸념을 끝까지 들어주는 그녀. 혼자 집으로 돌아가 카프카를 읽고 파울 첼란의 시를 펼치는 그녀. 자정의 '검은 우유'가 흐르는 방.

그녀는 자정의 시인이다. 게다가 무려 '열두 겹'의 자정이다! 무한의 시간으로 접히고 펼쳐지는 시간의 주름. 우리가 깊은 잠에 빠져 있을 때, 그녀는 자정의 주름 속으로 자꾸만 걸어간다. 거기서 그녀는 외로운 마녀처럼 자신의 언어를 만들어내는 일에 골몰한다. 시의 거대한 무쇠솥에선 온갖 것들이 부글거리며 끓어오른다. '검은바람까마귀' '주름상어' '오르간파이프선인장' '이름자루' '사막지렁이' '송곳바람'처럼 불면과 고통 속에서 탄생하는 자정의 언어들.

이 기묘한 언어들이 한낮의 당신에게 배달된다. 낯선 세계의 열매처럼 시고 달고 뜨거운 그것. 당신은 묻는다.

— *이봐요, 그녀는 마녀였던 거예요?*

그럴지도. 자정이란 마녀들의 시간이니까. 어느 날 그녀가 당신의 깊은 잠 속으로 스며들어 이렇게 속삭일지도 모른다. 한밤의 백지처럼 찢어질 듯이 새하얀 아귀의 혓바닥을 보았느냐고. 그러면 당신은 꿈속에서 이렇게 말할지도 모르겠다.

— 아, 이건 너무 아름다운 악몽이에요. 내가 눈을 뜨면 모두 사라져버릴까요? 그녀가 신고 있는 '잉어가죽 구두'처럼?

그녀는 농담을 즐긴다.

삶에 대한 '대책'을 세우라며 추궁하는 현실 앞에서 그녀는 천연덕스럽게 '속수무책'을 펼쳐 보인다. 현실적 가치로 환원되지 않는 황당무계한 책. 이 '대책 없는' 유머야말로 뻔뻔하고 폭력적인 현실에 보내는 그녀의 멋진 카운터펀치가 아닐는지.

그녀의 시에 드문드문 박혀 있는 유머는 어둠을 통과하는 자의 손에 들린 성냥개비 같은 것이 아닐까. 짧은 순간 삶의 온기를 느끼게 해주는 성냥의 불빛. 이 가녀린 불빛에 의지해서 그녀는 어둠 속을 걸어간다.

시집 『어느 새벽, 나는 리어왕이었지』에서 술에 취한 채 새벽의 거리를 헤매는 리어왕의 희극적인 모습은 어떠한가. 당신도 언젠가 술에 취해 호기롭게 어둠 속에서 소리를 치는 리어왕이 되었던 적이 있지 않은가. 필시 그녀는 술에 취해 거리를 돌아다닌 적이 있을 것인데, 이상하게도 나는 그녀가 취한 모습을 본 적이 없다. 그녀가 살짝 누설한 바에 따르면, '예스터데이'라는 카페는 젊은 시절 리어왕의 단골 주막이었을 것이다. 그리고 고백하자면, 그 시절 우리는 다 같이 리어왕이었다. 비분강개의 시절을 지나 이젠 하염없이 늙어버린 리어왕들.

하지만 이 가벼운 말놀이에 속아 넘어가면 안 된다. 당신은 곧 그녀가 농담 속에 숨겨놓은 날카로운 비수와 마주치게 될 터이니. 그녀의 첫 시집과 두번째 시집 사이에 놓인 10여 년의 간극을 기억하는가? 그 오랜 단절의 시간을 그녀는 오직 자신만의 언어로 통과해 왔다. 뼈저린 외로움의 시간을 견뎌온 '사막지렁이'의 흔적을 보라. 고독한 자의 유머는 이리도 시리고 이리도 뜨거운 시간의 담금질을 거치며 벼려진 것이다.

어느 자리에선가 그녀가 아직도 자신의 데뷔작을 '고치고' 있다고 말했을 때, 나는 경악했다. 지독한 사랑, 내가 감히 꿈꾸어볼 수 없는. 그녀의 내부에선 얼마나 깊은 열정이 끓고 있는 걸까. 하지만 어디 데뷔작뿐일까. 그녀는 외로운 구둣방 주인처럼, 오늘도 자신의 시를 어루만지고 깁고 수선하고 있을 것인데. 그러니 오늘 당신이 읽은 시는 그러한 지극한 고투와 탁마의 결과물인 것. 참고로 그녀의 데뷔작은 「숨은 벽」이다.

그녀의 어린 시절에 대한 몇 가지. 서울에서 태어나 오랫동안 도시를 떠나 있었다는 것 그리고 금천구에서 고등학교 시절을 보냈다는 것, 이건 사실이고. 현실의 규율과 질서로부터 스스로 추방된 외로운 아이였으리라는 것, 이건 나의 생각이다.

> 화약총소리 울리면 흰 선을 박차고 뛰어야 하지만
> 백묵처럼 서 있었어
> [……]
> 선생들과 친구들은 만국기 줄로
> 내 목을 감아 조른 후 집으로 돌아갔고
> 끝내 풀리지 않던 매듭 목에서 삭아도
> ―「숨은 벽」 부분

다른 아이들이 모두 달려 나간 후에도 출발선에 선 채 움직이지 못하는 아이가 있다. 총소리의 지시에 따르지 않고 손바닥으로 출발선을 마구 지우던 아이. 만국기의 줄이 목을 감아 조르는 고통을 느끼며 '백묵'처럼 굳어진 아이. 풀리지 않는 매듭처럼 아직도 목에 남은 흔적. 그 고통의 기억 속에서 아이는 자신의 언어를 꿈꾸었을 것이다. 여기서 우리는 세계의 놀이를 거부하고 자신만의 놀이를 만들어내는 어린 시인의 탄생을 보게 된다.

비극적인 것은 이 어린 시인이 냉혹한 폭력의 세계에 놓이게 된다는 점이다. '해가 들지 않는 놀이터'에서 혼자 노는 아이에게 어른들은 봄처럼 따뜻한 곳을 만들어주겠다고 한다. 그러나 놀이기구를 들어낸 놀이터에는 주차장이 들어선다. 딱딱한 콘크리트로 구획된 주차장은 놀이의 창조적 역동성이 파괴된 적막하고 비정한 공간이다. 이렇듯 자본과 권력에 의해서 놀이와 몽상을 박탈당한 이 세계는 거대한 폐허와 다름없다.

놀이터를 상실한 아이들은 모두 어디로 갔을까. 모두가 두꺼운 망각의 콘크리트 위에서 잠든 시간, 그녀는 홀로 깨어나 사라진 놀이터로 돌아간다. 온몸에서 눈물 대신 '모래'를 흘리며 부서진 시소에 앉아 있는 그녀를 놀이터의 유령이라 부를 수 있지 않을까. 망각을 거부하며 외롭고 황홀한 놀이에 몰두하는 유령-시인.

모두가 떠난 놀이터에 홀로 남아 있는 이 쓸쓸한 유령에게 나는 무한한 우정을 느낀다. 그 시절의 기억을 지닌 채 놀이터를 떠나지 못하는 어린 영혼이 당신에게도 있는지.

자, 그녀가 펼쳐준 열두 겹의 자정을 지나 여기에 도착했군요. 나는 시집을 덮는다.

―그런데 당신의 글 어디에서도 그녀의 흔적을 찾을 수가 없군요. 이봐요, 당신은 정말 그녀를 알고 있기나 한 거예요?

그녀의 시에 매혹된 독자라면 이렇게 화를 낼지도 모르겠다. 그러나 그녀에 대한 이 오독투성이 글을 나는 당신에게 기꺼이 바치겠다. 그러니 독자여, 이젠 당신이 대답할 차례다.

활짝 부풀린 커다란 성대를 가진 그녀는 누구인가?

꿈을 놓치고

꿈을 놓치고

잠에서 깬다. 꿈속에서 그녀는 가난한 여자이고, 눈물을 흘렸고, 황금으로 된 술잔을 가지고 있었다. 꿈속에서 그녀는 시를 썼다. 모든 구절을 거의 외울 듯했는데, 말들이 투명한 모래처럼 반짝거렸는데, 눈을 뜨기 직전에 모두 휘발되었다. 백지가 된 꿈, 봉인된 꿈의 문을 다시 열 수는 없다. 내일 밤의 꿈을 놓치고 목화솜으로 만든 이불 속에서 눈물이 마를 때까지 다시 잔다. 어느 날 잠에서 깬 나는 그녀에게 물을 것이다. 여기는 어떤 꿈속입니까?

크리스마스

점심을 먹고 찻집에 갔다. 커피와 맥주를 마시며 소설가와 평론가와 시인과 다른 소설가가 이야기를 나누었다. 하늘이 어두웠다. 눈이 내리려는 모양이었다. 허우샤오시엔, 오즈 야스지로와 다다미숏 그리고 우리 선희에 대한 이야기. 연연풍진, 평꾸이에서 온 소년, 동경 이야기가 창밖으로 흘러가고 있었다. 고양이는 보이지 않았다. 알고 보니 소설가와 나는 어떤 친구를 통해서 아는 사이였고, 그 친구와 연락하지 않은 지 오래되었다는 생각이 들었다.

다른 소설가는 앙코르와트로 여행을 갈 것이라고 했다. 나는 그곳에 가본 적이 있다고 말했고, 그것은 사실이었다. 7년 전인가 혹은 10년 전의 일이다. 캄보디아의 날씨가 생각났다. 아침엔 청명했고 낮에는 축축해지는 이상한 날씨였다. 새벽에 긴 줄을 이루어 탁발을 하던 승려들과 유적지마다 관광객들에게 달려오던 맨발의 아이들, 아기에게 젖을 물리던 지루한 눈빛의 여인들, 한낮 텅 비어 있던 호텔의 풀에서 일렁이던 파란 물결들. 그리고 돌로 지은 거대한 사원들. 사원 기둥의 검은 녹색 이끼들. 돌 속의 거대한 뱀들. 햇빛 속에서 천천히 무너지던 시간들. 결국에는 아무것도 기억나지 않는 여행이었다. 나는 볼 것이 많았다고 소설가에게 말해주었다.

두껍게 깔리는 어둠 속으로 그녀는 고양이처럼 사라졌다. 나는 버스 정류장으로 터덜터덜 걸었다. 어젯밤의 꿈은 기억나지 않고 그 기분만 남았다. 눈이 오지는 않았다.

미라

그녀를 본 곳은 호찌민의 작은 박물관이었다. 고요한 전시실의 한 귀퉁이 플라스틱 관에 누운 채 그녀는 죽어 있었다. 말라붙은 피부가 황토색으로 번들거렸고, 작은 몸은 삼베 같은 수의로 감싸여 있었다. 그토록 오래 죽음인 채로 있는 것은 어떤 느낌일까. 정확한 시간에 눈을 뜨고 일정한 시간에 잠을 자는 내가 상상할 수도 없는 것이 겠지만. 그녀는 지루한 감도 없이, 조악한 도기 파편들과 녹슨 칼들과 덧없이 화려한 왕의 예복들 곁에 끈질기게 누워 있었다. 그녀는 자신의 몸이 이토록 오래 죽음과 동거하리라는 것을 예상이나 했을까. 권태로운 자들이 비단으로 만든 왕의 예복에 형형색색 수를 놓는 동안에도 그녀는 필사적으로 자신의 죽음을 지키고 있다. 누구에게도 그것을 빼앗길 수 없다는 듯 쪼그라든 누런 입술이 앙다물려 있다.

어느 날의 꿈에

나는 커다란 꽃무늬가 박힌 공단 원피스를 입고 이렇게 묻는다. 이 이야기는 언제 끝이 나나요? 나는 긴 이야기 속을 살고 있군요. 거기서는 많은 인물들이 죽어갔죠. 아이들은 늙은이가 되고 늙은이들은 더 늙은이가 됐어요. 아이들은 자꾸 태어나고 어떤 아이들은 태어나서 갑자기 죽었어요. 그리고 나는 아직 여기 있군요. 하얀 꽃무늬가 부스러져 내릴 때까지 얌전히 기다렸는데, 나는 끝을 기다렸는데, 정말 끝이 있을까요?

이웃집의 노인은 어제 죽었죠. 그의 벌어진 입에서 하얀 나비가 날아갔어요. 물론 거짓말이에요. 나는 거짓말을 좋아해요. 거짓말 속에서 나는 수백 번 죽었어요. 저쪽에서 웃고 있는 불상(佛像)은 누구의 것인가요? 목이 잘린 불상의 머리를 찾을 수 없어, 다른 불두를 얹어놓았다고 하더군요. 귀와 코가 떨어져 나간 머리를 얹은 채 불상이 밤새 흐느끼는 소리를 들은 적도 있어요. 불상 옆에는 무너진 사원에서 파낸 돌사자가 혀를 쭉 빼물고 춤을 추고 있어요. 벽에 걸린 찌그러진 청동거울 속에서 누군가 나를 바라보고 있군요. 그것은, 내가 아는 얼굴이에요.

너의 비밀을 보여줘

 오늘 아침에 오래된 친구의 방문을 받았다. 나는 잠에서 막 깨어나 맨발로 문 앞에 서 있었다. 단정한 양복을 차려입은 친구는 예의 그 겸손하고 신중한 목소리로 당신의 시를 읽어보았노라고 말했다. 그는 몹시 겸연쩍어하면서 '시 속에 당신이 던져놓은 모호한 단어들, 불쑥불쑥 출몰하는 불친절한 이미지들, 행과 행 사이의 비약이 만들어내는 공백'을 이해할 수 없었노라고 말했다. 시집을 들고 밤을 새운 듯 충혈된 그의 눈동자엔 일종의 비감함이 배어 있었기 때문에 나는 마음이 약해졌다. 그 순간을 놓칠세라 그는 말했다.
 ─ 나의 친구여, 당신 시의 '비밀'을 알려주게나.
 나는 들고 있던 커피잔을 떨어뜨릴 뻔했다.
 ─ 비밀이라니? 나의 시엔 어떤 비밀도 없으며, 혹여 반투명한 언어의 커튼으로 가려진 '어떤 것'을 당신이 비밀이라 부른다면, 그것은 이미 나의 시 속에 모두 담겨 있을 것이네. 물론 그것들은 밀가루 반죽처럼 커다랗게 부풀어 오르고, 그 위에 몇 개의 이미지가 초콜릿 조각처럼

흩뿌려지고, 알록달록한 감정의 장식들이 더해지긴 했지만 말일세. 내 말을 믿지 못하겠다면 나의 파자마에 달린 보랏빛 호주머니를 뒤집어서 보여줄 수도 있지.

그러나 나의 다정한 친구는 물러설 기색을 보이지 않는다. 나의 목소리는 어느새 사정조로 바뀌어 있다.

— 나의 오랜 친구여, 내 시의 첫 독자인 자네의 모호한 표정을 볼 때면 난 언제나 슬픔에 가득 찼지. 자넨 늘 푸줏간의 주인처럼 날카로운 칼로 내 심장을 푹푹 찔러대지 않았나. 나의 시를 낱낱이 해부하고, 그것도 모자라서 시의 레시피를 왜곡하여 멋대로 괴상한 음식을 만들어내지 않았나 말일세.

언제나 이성적인 미소를 잃지 않는 친구는 예의 바르게 나의 입술을 주시한다. 그리고 조용히 자신의 양복 호주머니에 깊숙이 감추어 가지고 다니는 것을 슬쩍 꺼내 보인다. 번쩍이는 칼날을 본 순간, 나는 재빨리 변명거리를 찾아 낡은 호주머니를 뒤적여야 했다.

— 알겠네, 친구여. 그런데 당신은 나를 믿나? 나는 타고난 허풍쟁이, 모두 잠든 밤의 공원을 절룩거리며 산책하는 거짓말쟁이. 거품처럼 부푼 과장의 몸짓을 사랑하고, 미칠 듯한 열정으로 자네를 증오하는 자. 그런데도 자넨 나의 비밀이 궁금한가? 그렇다면 이제 내 시의 비밀 속으로 함께 들어가보세나.

*

 이제 나는 기꺼이 누설하는 자가 되겠네. 먼저 나의 벽장을 보여주지. 거기엔 먼지 낀 책들. 밑줄을 몇 번이나 그어 너덜해진 책장들. 누런 침 자국으로 말라붙은 열광의 시간들. 증오에 가득 차서 꼬물거리는 검은 책벌레를 눌러 죽인 흔적. 호흡할 때마다 입속으로 날아들어 내 혈관을 떠도는 불온한 먼지들의 세상.

 자, 이 두꺼운 책을 열어볼까? 첫 장에 인쇄된 늙은 시인의 얼굴이 보이시나? 그는 불온성의 대부, 모든 시인들의 배후 조종자일세. 자신의 치부를 거리낌 없이 노출함으로써 우리의 면전에 침을 뱉은 시인이지. 나는 그에게서 배웠다네. 지상의 모든 순결한 것들에 침을 뱉는 법을 말일세. 고독한 시인이 새벽에 교통사고로 죽은 후에 그의 침이 사방으로 흩어졌지. 수많은 시인들이 우르르 몰려들었다네. 시인들은 그의 기침을 사랑하고, 애연가인 그의 입에서 튀어나온 가래마저 소중히 여긴다네. 하지만 시인의 기침으로 얼룩진 방 안은 이제 거미줄투성이로군. 시인의 거미는 설움의 징표였다네. 그것은 나에게도 말할 수 없는 지극한 슬픔을 환기시킨다네. 하지만 나는 나의 거미를 잘 숨겨두고 싶다네. 누구에게도 나의 거미를 들키고 싶지 않단 말이지. 만일 자네가 내 시를 꼼꼼히 살펴본다면, 활자들의 뒷면에서 혼자 실을 잣고 있는 고독한 거미-여인의 실루엣을 찾아낼 수 있을지도 모르겠네만.

 이제 서둘러 다른 방문을 열어 보세. 늙은 할아버지 같은 마야콥스키와 바지를 입은 구름 같은 고양이가 졸고 있다네. 그리고 폭발하는 단어들이 운반하는 혁명이 있지. 그것은 여전히 붉은빛인가? 하지만 은빛 나팔 소리처럼 금속성을 삑삑 울려대는 마야콥스키여, 당신도 이미 늙었군. 누가 당신의 혁명을 훔쳐 갔는가. 도둑맞은 혁명은 어느 날 누더기 옷을 입은 여인처럼 우리의 굳게 닫힌 문을 두들기겠지. 하지만 누가 문을 열고 그녀를 환대할까. 도시의 여인들은 절망의 아이를 낳고, 아이들은 눈물의 바다에서 익사한다네. 철거촌의 망루는 불타오르고, 사람들은 필사적으로 눈을 감고, 광장은 침묵의 콘크리트로 봉쇄된 지 오래. 어느 날 노파가 된 혁명이 맨발로 찾아와 기꺼이 죽은 아이의 하얀 이마에 입을 맞출까? 21세기 자본의 왕국에서 추방된 늙은 로커 마야콥스키여, 당신은 아직도 쉰 목소리로 검은 창고 속에서 아무도 듣지 않는 노래를 부르고 있는가?

 다음은 반지하의 어떤 방이라네. (오, 이런! 나는 다음 방의 문을 열었다가 황급히 닫아버렸다.) 미안하지만 친구여, 이 방에는 자넬 초대할 수가 없네. 거기 불가능성의 유령들이 서성거리고 있네. 사실 그들을 두려워할 필요는 없지. 하지만 유령들이란 꽤나 귀찮은 존재들이 아니던가. 그들은 한밤중에 차례로 시인들을 찾아오지. 이제사 말이지만, 언젠가 나는 자네의 펜대 위에 눌러 앉은 유령을 본 적이 있다네. 물론 나는 입을 꾹 다물었지.

유령의 언어를 환대하는 것은 늘 시인들의 몫이었네. 유령의 속삭임에 홀린 몇몇 시인이 책상 위에 흰 머리카락 몇 가닥을 남긴 뒤 홀연히 사라졌다는 소문을 자네도 들은 적이 있겠지. 유령의 언어는 나에겐 새하얀 잠의 묘약과 같아서, 난 그들이 창문을 두드리기도 전에 잠들어 버리곤 한다네. 하지만 꿈속까지 따라와 내 혓바닥 위에 올라앉은 유령까지 쫓아낼 수는 없는 일이네. 어쨌든 유령들을 조심해서 나쁠 것은 없다네. 그들은 늘 망자의 퍼런 입술로 달려들곤 하기 때문이지.

나는 망원경으로 바깥을 보기를 즐겨 한다네. 이 도시의 모든 것은 언제나 내가 상상한 것보다 훨씬 더 많은 것을 보여준다네. 내 방의 작은 창문으로 만화경 같은 세상이 다 보일 리는 만무하지만, 가끔은 까마귀 같은 노인들이 포착되기도 하지. 그들은 나에게 아주 각별한 존재들이네. 그들은 삶과 죽음의 경계를 걷는 늙은 고양이와 같네. 생에 대한 강렬한 집착으로 떨리는 그들의 앙상한 손가락을 볼 때마다 나는 전율한다네.

지하도에서 만난 맹인과 몇 구의 시체들도 기꺼이 나의

시에 초대되었다네. 언젠가 퇴근길에 본 맹인은 아직도 열차 안에서 하모니카를 불고 있을까. 그들이야말로 진짜 유령처럼 지하도를 떠돌고 있을지도 모르겠군. 환한 햇빛 속에 노출된 주름진 얼굴. 더럽고 갈라진 까마귀 같은 손, 누더기 같은 육체를 숨기기 위해서 시체는 얼마나 자신의 몸을 웅크리고 또 웅크리던가. 그를 툭툭 차고 지나가는 구둣발들. 그들은 곧 나에게 등을 보이고 떠나갔지. 그들과의 싸움에서 나는 늘 패배한다네. 하지만 나도 할 말은 있지. 세계와의 싸움에서 패배하는 것이 시인의 숙명 아니던가. 그러니 패배야말로 비틀거리는 언어에 의탁해 이번 생을 무용하게 탕진하려는 시인에게 제법 유용한 알리바이가 되어줄지도.

예로부터 시인들은 도시의 뒷골목을 방황하는 건달이거나 무용하게 땅을 파헤치는 언어의 도굴꾼. 개미한테서 영감을 훔치는 예술가도 있지. 오늘 아침에 한 예술가가 땅속 개미집에 은을 녹인 물을 부어낸 후에, 땅을 파내고 흙을 털어낸 뒤 개미집의 형태로 굳어진 그것을 예술 작품이라고 전시한 것을 보았네. 그는 개미들한테서 예술을 훔친 것이지. 하긴 예술가란 결국은 훔치는 자가 아니던가. 맙소사, 불구덩이 속에서 죽어간 개미는 자신이 소위 예술 작품을 위한 희생 제물이 되었다는 것을 알기나 할까.

*

　친애하는 친구여, 이제 당신은 내가 열어놓은 거미줄투성이의 낡은 창고를 모두 보았네. 거기엔 오래된 청동거울과 푸른 잉크로 얼룩진 먼지투성이 종이와 정류장에서의 충고와 빈방에서 깜빡거리는 촛불 따위는 존재하지 않네. 대신 누렇게 변색된 종이 뭉치, 갈라진 펜촉과 쏟아지는 졸음과 한 움큼의 권태가 거미처럼 웅크리고 있네. 이제 자넨 나의 비밀을 눈치챘을 테지. 말해보게, 친구여. 그 비밀이란 나의 검은 창고에 숨겨둔 황금의 술잔이며 술잔 속에 고인 감미로운 눈물이며 황홀한 음악인가? 아니면 텅 빈 창고의 구석을 더듬거리며 기어가는 누추한 좀벌레와 같은 것인가? 이제 한 번 더 내 시의 비밀 창고를 수색하려거든 수색영장이라도 가져와야 할 것이네. 그러니 이제 수시로 찾아오는 통풍과 두통과 요통 때문에 고생하는 이 가엾은 시인을 그만 놓아주는 게 어떤가?

　나의 친구는 대답을 하지 않는다. 그는 약간의 혼란에 빠진 듯 보이지만 곧바로 평정심을 회복한다. 그리곤 예의 그 비웃음 가득한 차가운 혀로 내 뺨을 후려친다.
　── 한없이 가엾은 시인이여, 자네는 옷장 깊숙이 숨긴 보물을 끝끝내 보여주지 않으려는 어리석은 부자와 같군. 혹여 내가 알지 못하는 그것을 숨겨놓고 소중히 키우고 있

는지도 모르지. 자네의 연민과 증오를 받아먹으며 검은 괴물 같이 무럭무럭 자란 그것이 어느 날 자넬 한입에 꿀꺽 삼키게 될지도. 혹은 언젠가 자네는 그토록 숨겨왔던 보물 상자 속에 텅 빈 먼지만 가득한 것을 발견하게 될지도 모르지. 이 어리석고 사악한 시인이여, 괴물을 숨기려는 자네의 그토록 무용한 노력에 찬사를 보내고 싶기는 하네만 그것은 도저히 내 양심이 허락하질 않는군. 난 밀린 원고가 있어서 이만……

냉소와 경멸로 가득 찬 검은 자루를 짊어진 채 내 친구는 도시의 안개 속으로 총총히 사라져 가는 것이었다. 나는 한숨을 푹 내쉬었다. 그것을 숨기는 데 결국 성공하고 말았는가? 하지만 흐뭇한 기분도 잠시, 곧 비통한 기분으로 내 친구의 승리를 인정하지 않을 수 없었다. 시를 둘러싼 풍문들은 곧 잠잠해질 터이고, 모든 문학사는 화려한 오독의 승리로 점철되어오지 않았던가. 게다가 검은 망토의 수도사처럼 금욕적인 내 친구가 황금 한 덩이에 달하는 고액의 원고료를 받고 있다는 사실은 업계의 공공연한 비밀이었다.

불면의 시

오늘 당신은 좀 피곤해 보인다. 느릿느릿 하품을 하면서 말한다.

어릴 때 집에 불이 난 적이 있었죠. 아버지의 낡은 책들과 옷들이 다 타고, 나와 형은 교과서가 없어져서 좋았지만. 그 후에 어떻게 되었는지는 몰라요. 형의 커다란 망원경은…… 마당에는 부채꽃과 보라색 나팔꽃도 피어 있었는데……

당신은 알지 못한다. 골목 안의 그 집은 가족들이 떠난 뒤에도 오랫동안 남았다. 검게 타다 만 뼈대를 드러낸 채 슬픈 동물처럼 삭아가고 있었다. 동네 아이들은 검은 폐허 속으로 기어 들어가 부서진 벽돌 틈에서 그을린 동전을 줍기도 했다. 가장자리가 타버린 액자와 사진. 반쯤 재가 되어버린 책들. 부서진 회색의 글자들. 깨진 창문으로 돌을 집어던지던 아이들이 어두워지면 슬금슬금 도망치고, 무너진 담장의 틈새로 희미한 빛이 새어 나왔다.

지금도 그 집을 생각해요. 불타버린 집에 아직도 내가 있을 것만 같아요. 먼 나라로 떠난 가족들은 오늘도 내게 엽서를 보냈어요. 이제 아버지는 노인처럼 늙었고 검은 안경을 낀 형은 여전히 키가 크고 나는 어쩐지 좀 뚱뚱해진 것 같아요.

당신에게 말하지는 않을 것이다. 내가 그 집에 몰래 들어가보았다는 걸. 거기서 당신을 보았다는 걸. 검게 그을린 당신은 죽은 줄도 모르고 책을 읽고 있었다. 머리에 검은 재가 소복이 내려앉은 채 무너진 벽에 기대 앉아서 아버지의 아버지의 아버지의 책을…… 그날 내가 불탄 집에 몰래 들어가 타다 만 책을 가지고 나왔다는 걸 당신은 알지 못한다.

밤의 깊은 곳에서 당신의 목소리가 들린다.

어릴 때 나는 커다란 망원경으로 하늘을 보았어요. 커다랗고 둥근 렌즈에 푸른 밤이 가득했어요. 아, 거기서 난 당신을 본 것 같아요. 우주의 먼 곳에서 우리는 만난 적이 있나요?

당신은 내 손을 꼭 잡는다. 여전히 희고 차가운 손이다.

나는 조금 더 뚱뚱해졌고 어제 서른 살이 되었다. 그리고 당신은 아직 목이 가느다란 소년이다.
창밖에 활활 불타는 집이 보인다.

고아떤 삼양동

 여긴 삼양동이야. 볕이 잘 들 것 같은 이름인데. 길음동을 지나 삼양동에 갈 때마다 「고아떤 뺑덕어멈」이 생각나고, 소진은 「눈사람 속의 검은 항아리」도 썼지만, 그건 실패한 아버지들의 이야기. 모름지기 문학이란 실패하는 거라고, 이왕이면 혁명처럼 멋지게 실패해버리자고 떠들어대던 시절에도 삼양동에 산다는 건 비밀에 가깝지.
 그런데 눈 속에 검은 벽돌 같은 누추함을 숨기고도 시인이 될 수 있을까. 가령 항아리 속 부러진 숟가락이라든가 고장 난 시계, 늙은 독재자, 장대에 매달린 해진 속옷 같은 그런 이야기들 말고……

 내가 태어난 곳은 아니지만 여관과 여인숙이 많은 골목, 지금은 사라진 국숫집과 방앗간 연탄집, 낡은 대문과 가파른 한숨이 많은 골목으로 기억한다. 삼양동에 대한 시를 생각하다가 거긴 청계천도 아니고 청파동도 아니니까. 최승자도 이별의 블루스도 아니고 철공소 모루판을 쨍쨍 울리는 눈물의 투쟁가도 아니고.

언젠가 잡지에서 본 시인이 만원 버스에 끼어 서 있는 걸 보면서 아, 시인도 버스를 타고 삼양동으로 가네, 삼양동을 지나면 시인은 어디로 가나 생각했던. 가방 속에 든 시집에 사인이라도 받아둘까 망설이다 말았던. 내가 알기로 시인은 삼양동에 대한 시를 쓴 적은 없고, 시집 표지의 말간 눈빛과 달리 주름진 얼굴로 연신 하품하며 철공소 김 씨처럼 누런 담배 냄새를 흘리던. 시인의 허리에 묶인 헐렁한 벨트처럼 그것도 오래된 이야기.

 아직 귓가에 쨍쨍한 봄날의 햇빛과 굴곡진 언덕과 슬레이트 지붕에 내걸렸던 만신집 붉은 깃발과 거기서 3년 동안 설거지를 했다는 내 할머니의 노란 금니는 또르르 비탈을 굴러서 또르르 어디로 갔을까.
 이제는 모두 아는 비밀이 된 이야기들. 눈 녹은 햇빛 속에서 이빨 없이 환하게 웃던 검은 입 쪼그라든 입술 금 간 항아리처럼.

 소진은 서른셋에 죽고 나는 늙은 시인이 되어 삼양동을 걷는다. 시인이 되면 삼양동을 아주 떠날 줄 알았는데. 사라진 골목을 돌고 돌아 어떤 고아떤 시절의 이야기나 자꾸 훔쳐보면서 꿈결처럼 고아떤 고아떤…… 그런 시나 쓰면 좋겠다고 생각하면서.

검은 식당에서

0. 대화

 탁자 위에 하얀 찻잔이 있고 우리는 마주 앉아 있지. 우리가 여기서 어떤 이야기를 나눌 수 있을까. 우리의 대화가 흘러가서 어디에 이르게 될지 알 수 없어. 우리는 서로 다른 세계의 해안에서 서로를 향해 소리치고 있으니. 아득한 시차 속에서 서로에게 던지는 오해와 오독의 침전물들이 죽은 새처럼 가득 쌓이고, 결국 우리는 서로를 증오하면서 돌아서겠지.

 그러니 당신과 내가 어딘가에 반드시 도달해야 한다면, 그곳은 우리가 알 수 없는 곳일 거야. 해변에 그려진 알 수 없는 흔적처럼 우리는 거기에 난폭한 발자국을 남기겠지. 그리고 그건 그해 겨울부터 봄까지 내가 써보려고 했으나 결국 실패했던 시의 흔적들과 겹쳐질 거야. 그러니 이제부터 말해보겠어. 뒤늦게 도착한 그날의 이야기를.

1. 촛불

'거기'에서 시작하자. 그해 겨울에 나는 거기에 있었어. 사람들은 추운 날씨에도 그곳에 모여들었어. 노인과 아이를 업은 여자와 시민들과 추방된 자들과 눈물이 많은 이들. 어둠이 쌓이고 공기가 차가워져도 그들은 돌아가지 않았어. 사람들은 그저 '거기에 있기' 위해서 모인 것처럼 보였어. 거기서 무엇을 할 수 있을지, 무엇을 이룰 수 있을지 알지 못한 채. 그저 거기에 '있다'는 사실이 침몰하는 삶으로부터 서로를 구원할 수 있다고 믿는 것처럼. 아무것도 모르는 얼굴로 그러나 어떤 확신에 찬 얼굴로 차가운 밤을 응시하고 있었어.

나는 사람들에게 물었어. 당신은 왜 여기에 왔나요? 이상하다는 듯이 사람들은 내 얼굴을 찬찬히 들여다보고 슬픈 표정을 지었어. 그리고는 몸을 돌려 가버렸어. 어둠이 짙어지자 누군가 작은 촛불을 켰고 사람들은 흐릿한 불빛에 의지해 조용한 노래처럼 흘러 다녔어.

거기서 나는 하얀 소녀를 보았어. 발갛고 통통한 뺨을 가진 소녀는 훌쩍 저편으로 날아갔어. 그리고 추방된 자들의 검은 천막 위에 앉아 있었어. 이봐, 언제 돌아온 거야? 소녀는 물속에서 깊은 잠을 잤다고 말했어. 그래, 너는 아직도 자고 있구나. 나는 낮게 중얼거렸어. 그런데 너는 하나도 젖어 있지 않구나.

소녀는 어느새 사람들의 무리에 섞여 있었어. 그녀를

놓칠세라 나도 뒤를 따라갔어. 사람들은 파도처럼 흘러 다니고 있었어. 누군가 세상이 망했어,라고 말하는 소리가 들렸어. 그래 세상이 망했는데, 모든 것이 사라졌는데 나는 여기 있구나. 그때 소녀가 휘청이며 넘어졌고 누군가 소녀를 밟고 지나갔어. 소녀의 모습이 납작해졌다가 다시 일어섰어. 나는 손을 내밀었어. 너는 참 흐릿하구나. 손에 잡힌 어둠을 휘저으며 나는 물었어. 너는 무엇을 보았지? 소녀의 목소리가 먹물처럼 번져 나왔어. 연기처럼 흐릿한 그건 아무도 알아들을 수 없는 말.

2. 입

나중에 너는 다시 그곳에 가보았어. 물결처럼 흘러 다니던 사람들도, 검은 천막도, 천막 안에서 단식을 하던 유가족들도, 불을 켜고 시를 낭독하던 시인들도 보이지 않았어. 황량한 빈터에 비닐봉지가 굴러다니고, 그때 누군가의 입이 생각났어. 타오르는 햇빛 속에서 커다랗게 벌어진 검은 입.

너는 그들이 입을 벌려 무언가를 먹는 것을 보았어. 뜨거운 빛이 미친 듯이 내리쬐는데 아랑곳없이 커다랗게 벌어진 입은 씹고 씹고 또 씹어서 삼키는 일에 열중하고 있었어. 폭식하는 입들. 검고 축축한 혓바닥 위에서 흰 밥알들과 슬픔이 처참하게 뒤섞이는 것을, 너는 보았어.

그들이 삼킨 것은 무엇이었을까. 아이의 죽음 앞에서, 헐벗은 그 입들이 삼킨 건 결코 그들의 내부로 흡수되지 않을 것이었어. 상실과 부재의 고통을 응축한 영원한 타자의 말. 그건 소화되지 않은 채 남아서 그들의 딱딱한 심장을 찔러댈 거야. 하지만 그들은 자신이 삼킨 것이 무엇인지 영영 모르겠지.

그리고 그건, 너에게도 있었지. 그로테스크하게 벌어진 커다란 검은 구멍 말이야. 그때 너는 세상이 침몰하고 있다고 느꼈어. 검고 차가운 물속으로 우리가 함께 가라앉고 있다고. 그리고 물속에서 너는 커다란 입으로 변해가고 있었어. 영원한 허기, 공백, 그 텅 빔을 무엇으로 채울 수 있을까?

3. 망령들

봄도 아니고 겨울도 아닌 그날 종일 비가 내렸어. 눈과 비가 뒤섞여 검은 진창을 이루었고, 거기엔 여전히 사람들이 모여 있었어. 그날 광장은 증오와 혐오와 절망과 고통이 뒤엉킨 전장이었어. 어딘가에서 들려오는 비명과 외침과 탄식. 빗속에서 소음과 뒤섞인 채 부글거리는 사람들. 그들은 자신들이 지난 세기에 속한 망령들인 것을 깨닫지 못하고 있는 것 같았어. 과거에서 한 발짝도 벗어나지 못한 채 결박된 자들과 어떻게든 발을 휘감은 그물을 끊어내고 나아가려는 말들의 부딪침.

그건 미몽과 주술에서 깨어나지 못한 세계의 신경증을 전면적으로 노출하는 광경이었어. 지나치게 끔찍하고 지나치게 외설적이어서 차마 바라볼 수 없는, 살육된 육체의 파편처럼 말의 시체들이 나뒹구는 그곳에서 어떤 정화의 순간을 꿈꿀 수 있었을까.

4. 검은 식당에서

우리는 그때 검은 식당에 앉아 있었지. 창밖으로 연인들이 입을 맞추며 지나가고, 사각사각 흰 눈처럼 밤이 쌓이는 소리. 검은 식당에는 검은 얼굴들이 앉아 있어. 검은 개와 노인이, 아이를 잃은 여인이. 그녀의 가슴에서 검게 탄 눈물이 흘러내리는 것이 보여. 창밖에 노란 원피스를 입은 소녀가 지나가. 개와 노인과 녹슨 기차가 지나가. 우리는 검은 접시에서 하얀 김이 나는 것을 보고 있지. 그때 나는 문득 궁금해졌어. 너는 어디에서 왔는지, 검은 물이 뚝뚝 떨어지는 너의 얼굴은 왜 새파란지. 검은 식당의 문이 영원히 닫히기 전에 나는 그것을 묻기 위해 무거운 입을 벌려.*

---

*   이기성의 시 「검은 식당에서」(『동물의 자서전』, 문학과지성사, 2020)를 변용함.

그러나 검은 식당은 너무나 어둡고 나는 아무것도 볼 수도, 말할 수도 없었어. 밤마다 그곳에서 시인들은 시를 낭독하고, 사람들은 슬픔의 영혼을 데리고 와서 시인의 목소리에 귀를 기울였어.

하지만 나는 진공 상태에 놓인 것처럼 그냥 허공에 떠 있었어. 결국 시를 쓰는 일에 실패하였어. 지옥으로 빨려 들어간 시인처럼 나는 문이 닫힌 검은 식당 안에 영원히 갇혀 있게 되겠지. 그리고 다시는 글을 쓸 수 없을지도 모른다고 생각했어. 두려움과 불안이 나의 심장을 짓눌렀고 안간힘으로 종이 위에 이렇게 썼어. 너는 **폭력적인 이 세계의 공모자이다**.

5. 제의

거기서, 다시 소녀를 보았어. 소녀는 아직도 하얀 맨발로 걸어 다니고 있었어. 바람이 불고 추웠기 때문에, 나는 소녀의 맨발이 신경 쓰였어. 너는 아직 차갑구나. 그러자 소녀는 훌쩍 날아가 군중 속 한 남자의 어깨 위에 내려앉았어.

봉두난발의 남자가 맨발로 얼어붙은 광장을 걷고 있었어. 각목을 엮어 엉성하게 만든 십자가를 지고서. 기괴한 한복을 입고 얼굴에는 핏물처럼 붉은 잉크를 칠한 채 그는 천천히 걸었어. 사람들은 그가 자신의 고행을 끝까지 수행할 수 있도록 길을 터주었어. 사실 그것은 조악한 수난자의 퍼포먼스에 불과하였어. 어쩌면 종교적 광기의 표출에 불과하였을지도 모를, 희생 제의의 키치적 재현. 그것은 그날의 광장이 하나의 거대한 무대였음을 폭로하고 있었을지도 몰라. 모두 각자의 역할을 수행한 후에 집으로 돌아가 두꺼운 망각의 이불을 덮고 잠들어버릴지도. 그러나 사람들은 그 순간만큼은 조악한 제의의 행위에 진심으로 공명했고, 무구한 열망으로 함께 타오를 수 있었어.

그 남자의 어깨 위에서 소녀가 웃고 있었어. 모두가 묵인해왔던 폭력과 기괴한 현실이 뒤엉킨 이 세계의 난장을 똑바로 응시하면서. 남자는 한마디 말도 없이, 오직 그것이 자신의 언어라는 듯 얼어붙은 맨바닥을 걷고 또 걸었어. 마치 소녀를 어깨에 태우고 검은 강을 건너가려는 듯이.

나는 보았어. 그 조악하고 비루한 제의 속에 어떤 말들이 떠다니고, 말들이 타오르고 있었어. 문득 정신을 차리면 손등에 흘러내린 촛농처럼 뜨거운 말. 흩어지고 사라졌다가 다시 모여, 무감한 세계를 연소시킬 언어. 그것은 광장을 흘러넘쳐 내가 알 수 없는 곳으로 흘러가는 미지의 말. 궁극적으로 부재이며 충만한 유령의 언어.

언젠가 나는 검은 식당에 앉아 있게 되겠지. 탁자 위에는 촛불이 켜져 있고, 나는 뜨거운 촛농이 손등에 떨어지던 순간을 기억할 거야. 나의 손은 그날의 기억을 받아쓰게 될지도. 그날 소녀가 내게 들려준 말을 옮겨 적게 될지도 몰라. 하지만 오늘은 그날이 아니고, 나는 손은 여전히 텅 빈 백지 위에……

0. 다시

결국 우리는 여기까지 왔군. 해는 기울었고 입안은 바짝 마르고 탁자 위의 차는 식었어. 그런데 여기는 어디일까. 당신과 내가 먼 세기의 연인처럼 서로를 마주 보며, 그러나 아무것도 보지 못한 채 앉아 있는 여기는 어떤 공허의 내부일까.

고개를 돌려 창밖을 보니 봄이 다가와 있어. 너는 숨을 죽이고 꽃이 피는 것을 기다려. 하지만 천변의 나무들은 아직 고집스럽게 웅크리고만 있어. 회색 하늘 아래서 자신의 비밀을 절대로 보여줄 수 없다는 듯이. 그러나 어느 순간 그들이 확신에 찬 몸짓으로 겨울의 외투를 확 벗어던지는 순간이 반드시 올 거야. 세상의 모든 비밀이 왈칵, 피어오르는 순간, 지상의 모든 빛깔들이 일시에 난만하게 터져 나오는 그 순간이.

그리고 그때 우리는 무엇을 말하게 될까, 밤의 새하얀 입술로.

후기

J선생님께,

당신에게 이 편지를 쓰게 될 줄은 몰랐습니다. 오늘 문득 당신에게 편지를 써야겠다는 마음이 들었으나 마음과 달리 나의 손은 여전히 둔하고 느려서 종일 멍하게 창밖만 보고 있습니다. 더디게 온 봄이 어느새 사라지고 있네요. 간밤 비에 꽃잎들 모두 떨어졌는데, 진한 흙냄새에 섞인 농밀한 향기가 느닷없이 내 심장을 꽉 쥐었다 놓습니다. 온몸의 피가 차갑게 식어가고 회백색으로 굳어지는 혀와 캄캄한 절벽을 울리는 소리 없는 비명. 그 아득한 추락의 순간 어둠 속에서 터져 나오는 작은 불빛들. 나는 다시 숨을 쉬기 시작하고, 문득 찬란한 봄이라는 시를 써야겠다는 생각이 들었습니다. 그러나 그보다 먼저,

그날의 이야기를 해야 할 것 같습니다. 변두리 중학교의 교사였던 당신은 수업 중에 그 아이를 발견합니다. 단발머리에 교복을 입은 엇비슷한 수십 명의 학생들 중 유독 말이 없던 아이. 교과서를 얌전하게 펼쳐놓은 채 그 애

는 창밖을 바라보고 있습니다. 허공을 헤매는 아이가 유령처럼 흐릿하게 느껴졌던 것일까요? 무심코 아이의 시선을 따라가던 당신은 흠칫 놀랍니다. 알 수 없는 서늘함에 고개를 돌리고 한숨을 내쉽니다.
— 뭘 그렇게 하염없이 바라보고 있니?

J선생님,
그날의 칠판에는 서정시라는 단어가 씌어져 있었습니다. 고개를 숙인 채 당신과 다른 아이들의 눈빛을 견뎌야 했던 아이는 그날의 수업에서 서정을 배우지 못했습니다. 당신의 말은 창밖으로 보이던 공중의 작은 물결들처럼 모호하고 흐릿하기만 했습니다. 투명하게 휘발되는 빛들, 희미한 언어의 잔상들……
그날 선생님의 수업을 이해할 수 있었다면, 아이는 어떤 목소리에 대해서 이야기할 수 있었을까요? 끝내 발설되지 못하고 몸속에 고여 있다가 가뭇없이 흩어져버리던 슬픔에 대해서. 오래고 깊은 상처의 울림에 대해서.
하지만 아이는 당신의 물음에 답을 하지 못했고, 그래서 텅 빈 교실에 혼자 남아 있어야 했습니다. 교실을 비추던 오후의 빛이 사라지고 어둑해지던 실내, 흐릿한 먼지의 냄새, 희미하게 흔들리는 커튼, 운동장의 나무들이 검게 변해가는 것을 보면서, 아이는 종이 위에 무언가를 씁니다.

아이는 떠돌이 광대였으며, 늙은 도서관의 사서였고, 금지된 책이었으며, 국적을 잃은 공산주의자, 아이를 잃고 전쟁터를 떠도는 여인, 미라가 된 공주였고, 그녀의 아름다웠던 애인, 목이 잘린 경비원, 이국의 노동자, 딸을 잃은 어미였고, 난파된 광장의 소녀였습니다. 되돌아온 계엄령이었고, 어둠 속 점점이 밝혀진 촛불이었고, 심장병을 앓는 우체부였고 그의 눈물이었고, 찢어진 연애편지, 폐결핵에 걸려 죽어가던 시인, 그가 밤길에 만났던 도깨비. 아이는 그 모든 것이었고, 모든 것들의 목소리였으며……
그리고 마침내 놀이터의 유령……

그 봄날의 하루처럼 남은 생은 지루하고 또 지루해서 아이는 계속, 씁니다. 모든 것이 씌어지는 동안 아이는 뒤돌아보지 않았고 등 뒤에서 무슨 일이 벌어졌는지 알지 못합니다. 만약 아이가 뒤를 돌아보았다면 당신에게 서글픈 소식을 전하러 뛰어가던 죽음의 그림자를 보았겠지요.

J선생님,
오늘 당신의 부고를 받았습니다. 엄격하고 차갑고 아름다웠던 봄날의 선생님, 당신은 끝내 내게 서정을 가르치지 못했습니다. 당신의 실패는 당연하게도 나의 실패였고 그래서 당신의 실패가 나는 기뻐요.

이제 나에게 남은 것은 거리의 난폭한 입들, 폭식하는 입들, 비명 같은 침묵을 가득 담은 입들, 미끄러지고 비틀거리며 진창에서 뒹구는 언어들뿐이에요. 그렇게 나는 한 생을 다 살았습니다. 지금부터 나의 삶이란 이미 지나온 시간을 되살아가는 것이 되겠지요. 그리고 언젠가 유령의 목소리가 되어서 멀리 떠나게 될 것입니다. 그때는 정말로 찬란한 봄에 대한 시를 쓰게 될지도 모르겠습니다.

그리고 당신은 여전히 어두운 교실에서 허옇게 머리가 센 아이에게 이렇게 말하겠지요.

— 뭘 그렇게 하염없이 보고 있니?

추신:
놀이터의 유령을 알게 해준 김경후 시인에게 감사드립니다.

누추한 글을 깁고 수선하여 꼴을 갖추게 해준 유하은 편집자님,
나의 게으름과 수줍음으로 인해 사라져갔을 글들을 세상에 나오게 해준 문학과지성사에도 감사의 마음을 전합니다.

마지막으로 이 편지의 진정한 수신자인 어떤 독자에게

말해야 할 것 같습니다.

  언어에 베이는 사람이 있다고들 합니다. 나는 언어에 자주 베입니다. 예나 지금이나 내 몸과 마음이 그토록 허름한 까닭이겠지요. 그날의 상처는 깊은 자국을 남기고 그 흔적에서 어떤 목소리가 흘러나옵니다. 모두가 사라진 텅 빈 놀이터를 떠나지 못하는 아이의 목소리 같은 것 말이에요.

  당신이 어느 날 우연히 이 책을 읽게 된다면, 종이 위에 얼룩처럼 번져가는 그것이 누군가의 목소리라는 걸 알게 될 것입니다. 그것은 어쩌면 당신의 것일지도……